Come Sconfiggere la Depressione

Una Guida per Guarire

Orazio Motta

Orazio Motta © Copyright 2023

Codice ISBN: 9798871752159
Casa editrice: Independently published

Indice

Introduzione

La depressione è una sfida che molti affrontano silenziosamente, un labirinto oscuro di emozioni, pensieri negativi e una sensazione pervasiva di vuoto. Questo libro si propone di essere una guida controllata e informativa per coloro che cercano di superare il peso della depressione e di trovare la luce all'interno di sé.

Capire la depressione è il primo passo cruciale verso il recupero. In questo libro, esploreremo la complessità della depressione, scavando oltre la semplice definizione per analizzare i fattori scatenanti e i sintomi che spesso sfuggono alla comprensione. La nostra missione è promuovere la consapevolezza, rompendo il tabù associato alla malattia e incoraggiando una discussione aperta che sia fondamentale per affrontare questa sfida.

Accettare la propria situazione è una fase altrettanto critica nel percorso di guarigione. Attraverso l'analisi e la riflessione, esploreremo come abbracciare la depressione come un punto di partenza per la trasformazione personale. La consapevolezza di sé diventerà un faro guida, illuminando il cammino verso la consapevolezza e la crescita personale.

La costruzione di una rete di supporto è il nostro secondo capitolo, un invito a coinvolgere amici, familiari e professionisti nella lotta contro la depressione. Attraverso consigli pratici, esploreremo il ruolo fondamentale che gli altri possono svolgere nel fornire conforto e sostegno.

Il terzo capitolo ci guiderà attraverso l'arte di affrontare i pensieri negativi, affrontando la radice del dialogo interno che spesso alimenta la depressione. Strategie pratiche e approcci basati sulla mindfulness saranno esaminati come strumenti potenti per ristrutturare la nostra percezione di noi stessi e del mondo che ci circonda.

La strada verso il recupero non è mai lineare, e ogni passo richiede un impegno costante. I successivi capitoli esploreranno gli elementi chiave di uno stile di vita salutare, abilità di fronteggiamento e relazioni interpersonali, fornendo consigli pratici ed esercizi per aiutarti a costruire una base solida per il tuo percorso.

Il nostro obiettivo è anche dissipare la paura del trattamento professionale, esplorando le opzioni disponibili e incoraggiando coloro che ne hanno bisogno a cercare aiuto senza vergogna. Attraverso storie di successo e consigli esperti, mostreremo che chiedere aiuto è un segno di forza, non di debolezza.

Il nostro percorso verso la guarigione culminerà nella creazione di obiettivi concreti e in una pianificazione attenta del futuro. Celebreremo i progressi, anche i più piccoli, e guarderemo avanti con speranza e determinazione.

Questo libro è un compagno di viaggio, scritto con compassione e saggezza, sperando di essere una risorsa utile per chi cerca di superare la depressione e riscoprire la gioia e la vitalità nella propria vita. Attraverso la comprensione, il supporto e l'impegno, insieme possiamo tracciare un percorso verso il recupero e la rinascita.

O. M

Capitolo 1

Comprendere la depressione

1.1 Definizione della Depressione

La depressione, nel contesto della salute mentale, è una condizione complessa e multidimensionale che va ben oltre la semplice tristezza occasionale o il disagio emotivo. Essa rappresenta una forma di disturbo dell'umore che può influenzare profondamente il modo in cui una persona pensa, si sente e si comporta, incidendo sulla qualità della vita quotidiana.

La depressione si manifesta attraverso una combinazione di sintomi, che possono variare in intensità e durata. Tra i sintomi più comuni vi sono una persistente sensazione di tristezza, disinteresse o perdita di piacere nelle attività quotidiane, alterazioni del sonno e dell'appetito, affaticamento, difficoltà di concentrazione e sentimenti di colpa o di inutilità.

Ciò che distingue la depressione dalla normale variazione dell'umore è la sua persistenza e la sua intensità. Mentre tutti possono sperimentare momenti di tristezza o scoraggiamento, la depressione si caratterizza per la sua durata prolungata, spesso protratta per almeno due settimane o più, e per la sua capacità di influenzare in modo significativo le attività quotidiane e le relazioni interpersonali.

È importante sottolineare che la depressione non è una manifestazione di debolezza personale o mancanza di volontà, bensì una condizione medica complessa che coinvolge una combinazione di fattori biologici, psicologici e sociali. Gli squilibri nei livelli di neurotrasmettitori nel cervello, come la serotonina, la dopamina e la noradrenalina, possono contribuire alla comparsa della depressione, così come fattori genetici, eventi traumatici o stress cronico.

La depressione può manifestarsi in diverse forme, inclusa la depressione maggiore, il disturbo bipolare, la distimia e altri disturbi correlati. Ciascuna di queste varianti presenta sfumature uniche nei sintomi e nei modelli di comportamento.

Affrontare la depressione richiede una comprensione approfondita della propria esperienza e una ricerca di aiuto tempestiva da parte di professionisti della salute mentale. In questo contesto, la definizione della depressione svolge un ruolo cruciale nella rimozione degli stereotipi e nella promozione di un dialogo aperto sulla salute mentale, incoraggiando coloro che ne soffrono a cercare il supporto di cui hanno bisogno.

1.2 Fattori Scatenanti e Contribuenti

La depressione è un intricato insieme di fattori che possono essere scatenanti o contribuenti, creando un contesto complesso in cui si sviluppa e si manifesta. Esplorare tali fattori è essenziale per comprendere appieno la natura della depressione e sviluppare strategie efficaci di prevenzione e trattamento.

Eventi Traumatici e Stress Cronico

Eventi traumatici, come perdite affettive, abusi o situazioni di vita estreme, possono agire come potenti scatenanti della depressione. L'impatto emotivo di tali eventi può alterare la chimica cerebrale e contribuire allo sviluppo di disturbi dell'umore. Allo stesso modo, lo stress cronico legato a pressioni lavorative, finanziarie o sociali può essere un contribuente significativo alla comparsa della depressione.

Predisposizione Genetica e Neurobiologica

La predisposizione genetica gioca un ruolo importante nella suscettibilità alla depressione. Individui con una storia familiare di disturbi dell'umore potrebbero essere più inclini a sviluppare la depressione. Allo stesso modo, alterazioni nei neurotrasmettitori, come la serotonina e la dopamina, possono influenzare la regolazione dell'umore, contribuendo alla vulnerabilità alla depressione.

Disfunzioni Neurologiche ed Endocrine

Le disfunzioni a livello neurologico ed endocrino possono influire sulla manifestazione della depressione. Ad esempio, squilibri nella produzione di ormoni tiroidei o alterazioni nella regolazione dell'asse ipotalamo-ipofisi-surrene possono contribuire alla comparsa dei sintomi depressivi. La comprensione di tali disfunzioni è cruciale per la scelta di trattamenti mirati.

Problemi di Salute Fisica e Condizioni Mediche

Condizioni mediche croniche, dolori persistenti o problemi di salute fisica possono essere fattori che contribuiscono alla depressione. La gestione di malattie come il diabete, le malattie cardiache o le patologie neurologiche può avere un impatto significativo sulla salute mentale.

Stili di Vita e Abitudini

Stili di vita poco salutari, come una dieta squilibrata, la mancanza di esercizio fisico regolare e l'abuso di sostanze, possono aumentare la vulnerabilità alla depressione. L'equilibrio tra corpo e mente è cruciale, e l'adozione di abitudini di vita sane può contribuire a ridurre il rischio di sviluppare la malattia.

Isolamento Sociale e Problemi Relazionali

La connessione sociale è fondamentale per il benessere mentale, e l'isolamento sociale può essere un fattore scatenante della depressione. Problemi relazionali, conflitti familiari o difficoltà interpersonali possono avere un impatto profondo sulla salute mentale, influenzando la manifestazione e la persistenza della depressione.

Comprendere la complessità di questi fattori scatenanti e contribuenti è un passo fondamentale per la gestione e la prevenzione della depressione. Un approccio olistico che considera sia gli aspetti biologici che quelli psicosociali può guidare strategie personalizzate di trattamento e supporto.

1.3 Sintomi e Segnali di Allarme

La depressione si manifesta attraverso una gamma diversificata di sintomi che colpiscono il modo in cui una persona pensa, si sente e agisce. La comprensione di questi sintomi è essenziale per identificare precocemente la malattia e per fornire un trattamento tempestivo.

Persistente Sensazione di Tristezza e Desolazione

Uno dei sintomi chiave della depressione è una tristezza pervasiva che persiste per la maggior parte della

giornata, quasi ogni giorno, per almeno due settimane o
più. Questa sensazione di desolazione può essere
accompagnata da un'incapacità di provare piacere anche
nelle attività che in passato portavano gioia.

Perdita di Interesse e Piaceri Precedenti

La depressione spesso si accompagna a una marcata
perdita di interesse per attività che un tempo erano
gradite. La persona potrebbe ritrovarsi a evitare
socializzazioni, hobby o impegni che prima trovava
appaganti.

Alterazioni del Sonno e dell'Appetito

La depressione può influenzare il sonno e l'appetito in
modi variabili. Alcune persone sperimentano insonnia,
mentre altre tendono a dormire eccessivamente.
Similmente, ci possono essere cambiamenti
nell'appetito, con alcuni individui che mangiano di più
a causa dell'ansia, mentre altri possono perdere peso a
causa di una ridotta voglia di cibo.

Affaticamento e Perdita di Energia

Il senso di stanchezza cronica e la perdita generale di
energia sono sintomi comuni della depressione. Anche
compiti quotidiani diventano gravosi, e la persona può
sentirsi esausta anche dopo un riposo apparentemente
sufficiente.

Difficoltà di Concentrazione e Decisione

La depressione può compromettere le funzioni cognitive, rendendo difficile concentrarsi su compiti o prendere decisioni anche di lieve importanza. Questa nebbia mentale può avere un impatto significativo sulle performance lavorative o accademiche.

Sentimenti di Colpa e Inutilità

Individui depressi spesso sperimentano sentimenti di colpa e inutilità eccessivi. Anche in situazioni in cui la colpa è irrazionale o la percezione dell'autovalutazione è distorta, questi sentimenti possono persistere.

Pensieri Suicidi o Autodistruttivi

Un segnale di allarme grave è rappresentato dai pensieri suicidi o autodistruttivi. Qualsiasi segno di desiderio di far del male a sé stessi richiede un'attenzione immediata e professionale.

Riconoscere e comprendere questi sintomi è fondamentale per garantire una valutazione accurata e un trattamento adeguato. La depressione può variare notevolmente da persona a persona, ma l'identificazione precoce dei segnali di allarme è un passo chiave per la gestione della malattia e il miglioramento della qualità della vita.

1.4 Il Ruolo della Chimica Cerebrale

Il funzionamento complesso del cervello coinvolge una rete intricata di sostanze chimiche chiamate neurotrasmettitori, che svolgono un ruolo fondamentale nella regolazione dell'umore, delle emozioni e delle funzioni cognitive. Nella depressione, il delicato equilibrio di questi neurotrasmettitori può essere alterato, contribuendo alla manifestazione e alla persistenza della malattia.

Serotonina: Il Neurotrasmettitore del Benessere

La serotonina è spesso considerata il neurotrasmettitore chiave nella regolazione dell'umore. Questo composto chimico gioca un ruolo cruciale nel favorire sensazioni di felicità, benessere e soddisfazione. Nella depressione, il livello di serotonina nel cervello può essere inferiore al normale, portando a una diminuzione delle sensazioni positive e al manifestarsi di sintomi depressivi.

Dopamina: Collegata alla Motivazione e al Piacere

La dopamina è coinvolta nella regolazione del sistema di ricompensa del cervello, influenzando la motivazione, il piacere e la percezione delle esperienze gratificanti. In individui depressi, si è osservato un possibile disfunzionamento nella trasmissione della dopamina, che può contribuire alla perdita di interesse per le attività quotidiane e alla difficoltà nel provare piacere.

Noradrenalina: Coinvolta nella Risposta allo Stress

La noradrenalina svolge un ruolo cruciale nella risposta allo stress e nell'attivazione del sistema nervoso simpatico. Nei casi di depressione, il suo livello può essere alterato, contribuendo a sintomi come l'ansia, la tensione e l'ipersensibilità al contesto circostante.

Capitolo 2

Accettare la Propria Situazione

2.1 Rompere il Tabù sulla Depressione

Rompere il tabù sulla depressione è un atto fondamentale per promuovere la consapevolezza, ridurre lo stigma e incoraggiare conversazioni aperte sulla salute mentale. Questo capitolo esplorerà l'importanza di affrontare il tabù associato alla depressione e fornirà strategie per promuovere la consapevolezza e la compassione nella società.

Comprendere lo Stigma Associato alla Depressione

Esplorare Miti e Malintesi: Analizzare i miti comuni e i malintesi sulla depressione aiuta a identificare le radici dello stigma.

Riconoscere il Ruolo delle Parole: Consapevolizzare l'uso delle parole e dei termini associati alla depressione per evitare linguaggio stigmatizzante.

Strategie per Promuovere la Consapevolezza

Campagne di Sensibilizzazione: Organizzare campagne informative che diffondano conoscenza sulla depressione e promuovano la consapevolezza.

Educazione nelle Scuole e nei Luoghi di Lavoro: Introdurre programmi educativi sulla salute mentale nelle scuole e nei luoghi di lavoro per abbattere le barriere della comprensione.

Media Responsabile: Collaborare con i media per presentare storie di guarigione e informazioni accurate sulla depressione.

Raccontare Storie di Guarigione

Condivisione Aperta di Esperienze: Incentivare persone influenti a condividere apertamente le proprie esperienze con la depressione.

Creare Piattaforme di Condivisione: Offrire spazi online sicuri dove le persone possano condividere le proprie storie e trovare sostegno.

Coinvolgere Figure Pubbliche e Celebrità

Sensibilizzazione da Parte di Celebrità: Coinvolgere figure pubbliche per aumentare la visibilità della depressione e sfatare stereotipi.

Collaborazioni con Ambasciatori della Salute Mentale: Collaborare con ambasciatori della salute mentale per promuovere iniziative positive.

Creare un Ambiente Aperto e Inclusivo

Formazione sulla Sensibilità: Offrire formazione sulla sensibilità alla depressione nei luoghi di lavoro e nelle comunità.

Promuovere la Parità: Lavorare per garantire che la depressione sia trattata con la stessa serietà di altre condizioni mediche.

Coinvolgere le Istituzioni e i Datori di Lavoro

Politiche di Salute Mentale: Implementare politiche aziendali che supportino la salute mentale dei dipendenti.

Programmi di Supporto: Offrire programmi di supporto e risorse per i dipendenti che affrontano la depressione.

Affrontare le Barriere Culturali e Sociali

Riconoscere le Differenze Culturali: Adattare le iniziative per affrontare le barriere culturali e sociali alla comprensione della depressione.

Coinvolgere le Comunità: Creare programmi di sensibilizzazione su misura per diverse comunità.

Promuovere l'Accesso a Cure e Supporto

Risorse Accessibili: Assicurarsi che le risorse e le cure per la depressione siano accessibili a tutti.

Promuovere Servizi di Supporto: Incoraggiare l'accesso a servizi di supporto online e offline.

In conclusione, rompere il tabù sulla depressione richiede un impegno collettivo per cambiare atteggiamenti, fornire informazioni accurate e creare un ambiente aperto e compassionevole. Promuovere la consapevolezza e la comprensione della depressione è un passo essenziale verso una società più inclusiva e consapevole della salute mentale.

2.2 Importanza della Consapevolezza e della Comprensione

La consapevolezza e la comprensione della depressione costituiscono i pilastri fondamentali per affrontare questa complessa condizione mentale. Comprendere appieno la portata della depressione non solo fornisce una base per il trattamento, ma contribuisce anche a sfatare i miti e le stigmate associati a questa malattia.

Rimuovere il Velo della Stigmatizzazione

La consapevolezza della depressione aiuta a sfidare i pregiudizi e le percezioni erronee che circondano la malattia. La stigmatizzazione spesso impedisce alle persone di cercare aiuto, creando un ostacolo significativo al percorso verso la guarigione. Attraverso l'educazione e la comprensione, possiamo coltivare una società più empatica e accogliente nei confronti di coloro che lottano con la depressione.

Incoraggiare la Ricerca di Aiuto Tempestivo

La consapevolezza della depressione gioca un ruolo cruciale nel riconoscimento tempestivo dei sintomi e nella promozione della ricerca di aiuto. Quando individui, familiari e amici comprendono la complessità della malattia, diventano più propensi a rispondere in modo empatico e a sostenere coloro che ne sono colpiti nel cercare assistenza professionale.

Favorire un Approccio Olistico alla Salute Mentale

La consapevolezza e la comprensione aprono la porta a un approccio olistico alla salute mentale. Questo significa considerare la depressione non solo come una condizione isolata, ma come un insieme intricato di fattori biologici, psicologici e sociali. Una prospettiva olistica favorisce un trattamento più efficace e una migliore gestione a lungo termine.

Creare una Connessione Empatica

La consapevolezza promuove la connessione empatica tra coloro che soffrono di depressione e coloro che cercano di comprendere la loro esperienza. La consapevolezza porta a un dialogo più aperto e genuino, abbattendo barriere emotive e promuovendo la fiducia reciproca. Questa connessione è essenziale per la creazione di ambienti di supporto, dove la solidarietà e la comprensione sono parte integrante del processo di guarigione.

In conclusione, la consapevolezza e la comprensione svolgono un ruolo vitale nella trasformazione della percezione della depressione. Questo capitolo pone le basi per il resto del libro, invitando i lettori a esplorare non solo le sfide, ma anche le opportunità di crescita e guarigione che possono emergere quando affrontiamo la depressione con consapevolezza e compassione.

GABA e Glutammato: Equilibrio nell'Eccitazione Nervosa

Il GABA (acido gamma-amino butirrico) e il glutammato sono neurotrasmettitori coinvolti nella regolazione dell'eccitazione nervosa. Uno squilibrio tra questi due può influenzare l'attività neuronale, contribuendo a sintomi quali ansia, irrequietezza e difficoltà di concentrazione, spesso presenti nei disturbi depressivi.

Ruolo dei Recettori Neuronali

La comunicazione tra i neuroni avviene attraverso recettori specifici per ciascun neurotrasmettitore. Nella depressione, possono verificarsi alterazioni nei recettori, influenzando la trasmissione del segnale e contribuendo ai sintomi della malattia.

Comprendere il ruolo della chimica cerebrale nella depressione è cruciale per sviluppare approcci terapeutici mirati. Molti farmaci antidepressivi agiscono proprio sulla regolazione di questi neurotrasmettitori, cercando di ristabilire l'equilibrio chimico cerebrale. Tuttavia, è importante notare che la depressione è una condizione complessa e multifattoriale, e la sua comprensione richiede un approccio integrato che consideri anche altri fattori biologici, psicologici e sociali.

2.3 Accettare la depressione come un problema da risolvere

Accettare la depressione come un problema da risolvere costituisce un passo fondamentale nel processo di guarigione. Questa sezione esplorerà l'importanza di abbracciare la propria realtà emotiva, affrontando la depressione con compassione e determinazione.

Liberarsi dalla Vergogna e dalla Colpa

La depressione è spesso accompagnata da sentimenti di vergogna e colpa. Accettare la depressione significa liberarsi da queste emozioni distruttive, riconoscendo che la malattia non è una questione di debolezza personale o mancanza di volontà. La comprensione che la depressione è una condizione medica complessa può ridurre il peso emotivo associato ad essa, aprendo la strada a una prospettiva di guarigione più compassionevole.

Sfatare il Mito della "Forza di Volontà"

La cultura che valorizza la "forza di volontà" può contribuire all'autocondanna per chi lotta con la depressione. Accettare la malattia significa sfatare il mito che la depressione possa essere superata semplicemente con la volontà. È importante riconoscere che la ricerca di aiuto e il perseguire il trattamento sono segni di forza, non di debolezza.

Comprendere la Dimensione Medica della Depressione

Accettare la depressione implica una comprensione profonda della sua dimensione medica. La depressione coinvolge alterazioni neurochimiche nel cervello e può essere influenzata da fattori genetici, ambientali e psicologici. Vedere la depressione come una condizione medica aiuta a ridurre l'autocolpevolizzazione e a promuovere una visione equilibrata della malattia.

Riconoscere la Necessità di Supporto Professionale

Accettare la depressione significa riconoscere la necessità di supporto professionale. La consulenza psicologica, la psicoterapia o, in alcuni casi, la terapia farmacologica possono essere parte integrante del percorso di guarigione. Accettare il bisogno di assistenza professionale è un atto di autocura e un passo verso il recupero.

Coltivare una Visione Positiva del Futuro

L'accettazione della depressione non implica rassegnazione. Al contrario, significa riconoscere la sfida e impegnarsi attivamente nel percorso di guarigione. Coltivare una visione positiva del futuro, immaginando una vita in cui la depressione è gestita in modo efficace, può essere una fonte di motivazione e speranza.

Abbracciare la Consapevolezza come Strumento di Trasformazione

La consapevolezza di sé e della propria depressione può diventare uno strumento di trasformazione. Accettare la depressione implica essere consapevoli delle proprie emozioni, pensieri e comportamenti senza giudizio. Questa consapevolezza può facilitare la comprensione di schemi dannosi e fornire la base per apportare cambiamenti positivi.

In conclusione, accettare la depressione è un atto di coraggio e autenticità. Essa rappresenta il primo passo verso la guarigione, creando uno spazio in cui l'individuo può esplorare e affrontare la malattia in modo costruttivo. Accettare la depressione come una sfida da affrontare apre la porta a un percorso di guarigione più consapevole e compassionevole.

Coinvolgere Amici e Familiari: La Forza dell'Appoggio Sociale nella Guarigione dalla Depressione

Coinvolgere amici e familiari è un elemento cruciale nel percorso di guarigione dalla depressione. Questo capitolo esplorerà il ruolo fondamentale che il sostegno sociale svolge nel promuovere la consapevolezza e la comprensione della malattia mentale, nonché nel facilitare il recupero individuale.

Comunicare Apertamente sulla Depressione

La comunicazione aperta è il primo passo per coinvolgere amici e familiari. Condividere sinceramente le proprie esperienze con la depressione, spiegando i sintomi e i sentimenti, può abbattere le barriere emotive e promuovere una comprensione più approfondita. La trasparenza crea un terreno fertile per il sostegno empatico.

Sfatare Miti e Stigmi Associati alla Depressione

Coinvolgere amici e familiari nella discussione sulla depressione può contribuire a sfatare i miti e gli stereotipi che circondano la malattia. Educare le persone intorno a te sulla natura complessa della depressione può creare un ambiente di supporto privo di giudizio, fondamentale per il percorso di guarigione.

Coinvolgere Nelle Decisioni Riguardanti il Trattamento

Coinvolgere amici e familiari nel processo decisionale riguardo al trattamento può contribuire a garantire un sostegno continuo. Questo coinvolgimento può includere la partecipazione alle sedute terapeutiche, la gestione della logistica del trattamento e il monitoraggio dei progressi. Un approccio collaborativo può rafforzare il senso di responsabilità condivisa nella gestione della depressione.

Creare un Ambiente di Supporto e Accettazione

La creazione di un ambiente di supporto e accettazione è essenziale per coloro che lottano con la depressione. Amici e familiari possono contribuire a creare uno spazio sicuro in cui l'individuo si senta libero di esprimere le proprie emozioni e preoccupazioni. La solidarietà e la comprensione contribuiscono a contrastare l'isolamento sociale spesso associato alla depressione.

Sostenere le Piccole Vittorie e Progressi

Il sostegno non riguarda solo i momenti difficili, ma anche le piccole vittorie e i progressi. Riconoscere e celebrare anche le conquiste apparentemente piccole può alimentare una sensazione di realizzazione e incoraggiare il progresso continuo nella gestione della depressione.

Coinvolgere in Attività Positive e Sociali

L'invito ad attività positive e sociali può essere un elemento chiave nel coinvolgere amici e familiari nella vita quotidiana di chi lotta con la depressione. Partecipare a eventi sociali o attività piacevoli può contribuire a rompere il ciclo di isolamento e offrire opportunità di connessione e gioia.

Coinvolgere amici e familiari non solo offre un importante sostegno pratico, ma crea anche un network di affetto che svolge un ruolo fondamentale nella guarigione. Un sistema di supporto solidale può essere una risorsa inestimabile per chi affronta la depressione, rendendo il percorso di guarigione più gestibile e significativo.

Capitolo 3

Costruire una Rete di Supporto

3.1 Coinvolgere Amici e Familiari

Coinvolgere amici e familiari nella lotta contro la depressione è una tappa cruciale verso il recupero individuale. Questo capitolo esplorerà diverse strategie per coinvolgere le persone care nel percorso di guarigione, creando un ambiente di supporto prezioso e costruttivo.

Comunicazione Aperta e Onesta

La comunicazione aperta è il cardine del coinvolgimento degli amici e dei familiari. Aprirsi sulla propria esperienza con la depressione, condividendo pensieri e sentimenti in modo onesto, crea un ponte di comprensione reciproca. Questo dialogo sincero stabilisce le basi per il sostegno empatico e la collaborazione nel percorso di guarigione.

Educare sulla Depressione

Educare gli amici e i familiari sulla natura della depressione è fondamentale per abbattere i miti e gli stereotipi. Fornire informazioni accurate su cosa significhi vivere con la depressione aiuta a creare consapevolezza e comprensione. Può essere utile condividere risorse informative o coinvolgere tutti in sessioni di formazione sulla salute mentale.

Coinvolgimento Nelle Decisioni di Trattamento

Coinvolgere gli amici e la famiglia nelle decisioni riguardanti il trattamento permette di creare un fronte unito contro la depressione. Questo può includere la partecipazione alle sedute terapeutiche, la ricerca di informazioni sui trattamenti disponibili e il supporto nella gestione logistica delle cure. Un approccio collaborativo garantisce che il trattamento sia personalizzato e sostenuto da una rete di supporto solida.

Creare un Ambiente di Sostegno e Accettazione

Creare un ambiente di sostegno e accettazione è essenziale. Gli amici e la famiglia possono contribuire a costruire un contesto in cui chi lotta con la depressione si sente compreso, accettato e supportato. Questo ambiente positivo riduce l'isolamento sociale e promuove un senso di appartenenza.

Celebrare Piccole Vittorie e Progressi

Il percorso di guarigione è fatto anche di piccole vittorie e progressi. Coinvolgere gli amici e la famiglia nella celebrazione di questi successi, per quanto modesti possano sembrare, rafforza il senso di realizzazione e fornisce incentivi per il proseguimento del percorso di guarigione.

Coinvolgimento in Attività Positive e Sociali

Invitare amici e familiari a partecipare ad attività positive e sociali è una strategia per combattere l'isolamento. Le interazioni sociali e le attività piacevoli contribuiscono a migliorare il tono dell'umore e creano momenti di gioia. Coinvolgere gli altri in queste attività rafforza i legami affettivi e contribuisce al benessere complessivo.

Coinvolgere amici e familiari nel percorso di guarigione è un atto di coraggio e fiducia reciproca. Questa rete di supporto, quando costruita con attenzione e sensibilità, diventa un pilastro fondamentale nella lotta contro la depressione, rendendo il cammino più sostenibile e significativo.

3.2 Il Ruolo degli Specialisti: Psicologi, Psichiatri, Terapeuti

Gli specialisti, tra cui psicologi, psichiatri e terapeuti, svolgono un ruolo cruciale nella gestione e nella guarigione dalla depressione. Questo capitolo esplorerà in dettaglio il contributo fondamentale di questi professionisti nel fornire supporto, terapia e trattamenti mirati.

Il Ruolo dello Psicologo nella Valutazione e Terapia Psicologica

Lo psicologo è un esperto nel valutare e trattare i problemi emotivi e comportamentali. Nella gestione della depressione, lo psicologo gioca un ruolo chiave nel condurre valutazioni approfondite per comprendere la natura della malattia. Attraverso terapie psicologiche come la terapia cognitivo-comportamentale (CBT) o la terapia dell'accettazione e dell'impegno (ACT), gli psicologi aiutano i pazienti a sviluppare strategie di coping, a cambiare schemi di pensiero negativi e a migliorare la gestione delle emozioni.

Il Contributo dello Psichiatra nella Valutazione e nella Terapia Farmacologica

Lo psichiatra è un medico specializzato nella diagnosi e nel trattamento di disturbi mentali, inclusa la depressione. Attraverso valutazioni cliniche, lo psichiatra determina la necessità di trattamenti farmacologici e prescrive farmaci antidepressivi o altre terapie farmacologiche. Collaborando spesso con psicologi e terapeuti, lo psichiatra svolge un ruolo chiave nella gestione integrata della depressione, adattando il trattamento in base alle esigenze individuali.

Terapeuti Familiari e Relazionali nel Sostegno Sociale

I terapeuti familiari e relazionali lavorano per migliorare le dinamiche interpersonali e il sostegno sociale. Coinvolgendo familiari e partner nelle sessioni terapeutiche, aiutano a creare un ambiente di supporto positivo. Questo approccio può essere particolarmente benefico per individui con depressione, poiché le relazioni positive e il sostegno familiare sono fattori critici nella guarigione.

Il Ruolo degli Psicoterapeuti nella Riflessione e nell'Esplorazione Emotiva

Gli psicoterapeuti offrono uno spazio sicuro per esplorare le emozioni e i pensieri profondi legati alla depressione. Attraverso sessioni regolari, aiutano i pazienti a comprendere le radici dei loro sintomi e a sviluppare strategie di adattamento più efficaci. Questo processo di esplorazione emotiva contribuisce alla consapevolezza di sé e al cambiamento positivo.

Il Supporto Continuo degli Specialisti nel Lungo Termine

Gli specialisti forniscono un supporto continuo nel lungo termine. La depressione può essere una condizione cronica, e il coinvolgimento degli specialisti è spesso necessario per gestire e prevenire recidive. Attraverso follow-up regolari, adattamenti del trattamento e strategie di prevenzione, gli specialisti contribuiscono a mantenere la stabilità e il benessere a lungo termine.

Collaborazione tra Professionisti per un Approccio Integrato

La collaborazione tra gli specialisti è essenziale per un approccio integrato alla gestione della depressione. La comunicazione aperta tra psicologi, psichiatri, terapeuti familiari e altri professionisti consente una comprensione completa del quadro clinico del paziente, facilitando la personalizzazione del trattamento e ottimizzando i risultati.

In sintesi, il ruolo degli specialisti nella gestione della depressione è essenziale e variegato. La loro competenza contribuisce in modo significativo alla diagnosi accurata, al trattamento personalizzato e al sostegno a lungo termine, creando un percorso di guarigione completo e sostenibile per chi affronta la depressione.

3.3 Gruppi di Supporto e Comunità Online

I gruppi di supporto e le comunità online giocano un ruolo significativo nell'offrire sostegno, comprensione e connessione a coloro che affrontano la depressione. Questo capitolo esplorerà l'importanza di queste risorse virtuali nel fornire un ambiente inclusivo e solidale.

La Connessione Virtuale Come Fonte di Supporto Continuo

I gruppi di supporto online offrono una connessione virtuale ininterrotta, permettendo alle persone di accedere a sostegno e risorse in qualsiasi momento. Questa continuità è preziosa per coloro che possono trovarsi in momenti di bisogno al di fuori degli orari delle sessioni tradizionali.

Anonimato e Senso di Comunità

La dimensione online permette spesso un certo grado di anonimato, permettendo alle persone di condividere le proprie esperienze senza la paura del giudizio. Questo ambiente facilita la creazione di un senso di comunità, dove le persone si sentono accettate e comprese, contribuendo a ridurre l'isolamento spesso associato alla depressione.

Condivisione di Esperienze e Strategie di Coping

All'interno dei gruppi di supporto online, gli individui possono condividere le proprie esperienze e strategie di coping. Questa condivisione aperta fornisce prospettive diverse sulla gestione della depressione, offrendo ispirazione e incoraggiamento reciproco. L'apprendimento da esperienze simili può essere una fonte di validazione e motivazione.

Risorse Educativa e Informative Online

Le comunità online spesso forniscono risorse educative e informative sulla depressione. Articoli, webinar, podcast e materiale educativo possono contribuire a fornire una comprensione più approfondita della malattia e delle opzioni di trattamento disponibili. Questo aspetto educativo promuove l'empowerment, consentendo alle persone di partecipare attivamente alla gestione della propria salute mentale.

Supporto 24/7 e Accessibilità Globale

La disponibilità 24/7 e l'accessibilità globale dei gruppi di supporto online li rendono particolarmente adatti per coloro che potrebbero trovarsi in fusi orari diversi o che hanno difficoltà a partecipare a incontri di persona. Questa flessibilità promuove una partecipazione più ampia e inclusiva.

Moderatori e Professionisti di Supporto Online

Alcuni gruppi di supporto online sono moderati da professionisti della salute mentale o da persone esperte nella gestione della depressione. Questi moderatori forniscono una guida preziosa, assicurando che le conversazioni siano costruttive, rispettose e sicure. La presenza di professionisti contribuisce anche a indirizzare gli utenti verso risorse e trattamenti appropriati.

In conclusione, i gruppi di supporto e le comunità online rappresentano un'importante risorsa aggiuntiva per chi affronta la depressione. Forniscono un ambiente flessibile, accessibile e solidale, contribuendo a colmare il divario tra gli incontri tradizionali e il bisogno costante di connessione e sostegno.

Capitolo 4

Affrontare i Pensieri Negativi

4.1 Identificare e Affrontare i Pensieri Distorti

Il Potere della Consapevolezza Cognitiva nella Battaglia contro la Depressione

La consapevolezza dei pensieri distorti è un passo cruciale nel percorso di guarigione dalla depressione. Questo capitolo esplorerà l'importanza di riconoscere e affrontare i modelli di pensiero distorti, fornendo strumenti pratici e strategie per promuovere una prospettiva più equilibrata.

Riconoscere i Pensieri Distorti: Fondamenta della Consapevolezza Cognitiva

La consapevolezza cognitiva inizia con il riconoscimento dei pensieri distorti, ovvero schemi di pensiero negativi e irrazionali che possono contribuire alla depressione. Questi includono il pensiero catastrofico, la generalizzazione e la personalizzazione. Essere consapevoli di questi modelli distorti è il primo passo per cambiarli.

Tipologie Comuni di Pensieri Distorti

<u>Ipervalutazione delle situazioni negative:</u> Anticipare il peggio possibile scenario senza basi concrete.

<u>Polarizzazione:</u> Vedere solo estremi senza considerare sfumature o alternative.

<u>Personalizzazione:</u> Interpretare gli eventi come se fossero direttamente collegati a sé stessi, anche se non è il caso.

<u>Filtro Mentale:</u> Concentrarsi solo sugli aspetti negativi di una situazione, ignorando gli elementi positivi.

Tecniche per Identificare Pensieri Distorti

<u>Registrazione del Pensiero:</u> Tenere un diario in cui si annotano pensieri negativi, associando emozioni e situazioni correlate. Questo aiuta a individuare schemi ricorrenti.

<u>Domande Socratiche:</u> Mettersi alla prova con domande come "Quali prove ho per questo pensiero?" o "Quali altre interpretazioni potrebbero esserci?" per sfidare e ridefinire i pensieri distorti.

Affrontare i Pensieri Distorti: Strategie Pratiche

<u>Ristrutturazione Cognitiva:</u> Sostituire pensieri negativi con alternative più realistiche ed equilibrate. Ad esempio, trasformare "Nessuno mi vuole bene" in "Ho persone che mi amano, anche se ora sento il contrario".

<u>Mindfulness:</u> Essere consapevoli del presente senza giudizio aiuta a distanziarsi dai pensieri negativi, riducendo l'impatto emotivo.

<u>Esposizione Graduale:</u> Affrontare gradualmente situazioni temute per modificare gradualmente le percezioni negative associate.

Consapevolezza Emotiva e Fisica

<u>Monitoraggio Emozionale:</u> Tenere traccia delle emozioni connesse ai pensieri, aiuta a comprendere il legame tra pensieri e stato emotivo.

<u>Rilevamento dei Segnali Fisici:</u> Essere consapevoli di eventuali cambiamenti fisici correlati ai pensieri negativi, come tensione muscolare o cambiamenti nel ritmo cardiaco.

Il Ruolo degli Specialisti nella Gestione dei Pensieri Distorti

Lo psicologo o lo psicoterapeuta può essere un alleato prezioso nell'affrontare i pensieri distorti. Attraverso la terapia cognitivo-comportamentale (CBT), gli specialisti possono guidare l'individuo nell'identificazione e nella ristrutturazione dei modelli di pensiero negativi, promuovendo una prospettiva più equilibrata e positiva.

In conclusione, identificare e affrontare i pensieri distorti è un passo fondamentale nella gestione della depressione. La consapevolezza cognitiva offre strumenti pratici per sfidare e cambiare schemi di pensiero negativi, contribuendo a creare una mentalità più resilienti e ottimista.

4.2 Strategie per Cambiare il Proprio Dialogo Interno

Riscrivere la Narrazione Personale nella Battaglia contro la Depressione

Il dialogo interno svolge un ruolo cruciale nella gestione della depressione. Questo capitolo esplorerà strategie pratiche per modificare il monologo interno, promuovendo una prospettiva più positiva e costruttiva.

Consapevolezza del Dialogo Interno

La prima strategia consiste nell'essere consapevoli del proprio dialogo interno. Spesso, i pensieri negativi scorrono automaticamente senza che ce ne accorgiamo. L'atto di prestare attenzione consapevole a questi pensieri è il primo passo per il cambiamento.

Sostituzione di Pensieri Negativi con Affermazioni Positive

Quando si riconoscono pensieri negativi, la strategia è sostituirli con affermazioni positive e bilanciate. Ad esempio, trasformare il pensiero "Non sono capace di farcela" in "Sono capace di affrontare le sfide e imparare dai miei errori".

Utilizzo di Immagini Mentali Positive

Creare immagini mentali positive può influenzare il dialogo interno. Visualizzare situazioni di successo o momenti felici può contrastare i pensieri negativi, contribuendo a plasmare una prospettiva più ottimistica.

Esplorare Diverse Prospettive

Esaminare situazioni sotto diverse prospettive può aiutare a ridurre il carattere distorto dei pensieri negativi. Chiedersi: "Cosa direbbe un amico in questa situazione?" può portare a una visione più obiettiva.

Pratica della Gratitudine

Focalizzarsi sugli aspetti positivi della vita attraverso la pratica della gratitudine è un'efficace strategia per modificare il dialogo interno. Tenere un diario della gratitudine, annotando ogni giorno ciò per cui si è grati, può contribuire a cambiare la prospettiva complessiva.

Affrontare l'Autocritica Eccessiva con la Compassione

Spesso, il dialogo interno negativo è caratterizzato dall'autocritica eccessiva. Sostituire la critica con la compassione verso sé stessi è un passo importante. Trattarsi con gentilezza e rispetto, come si farebbe con un amico, può ridurre il peso emotivo dei pensieri negativi.

Mindfulness e Meditazione

La pratica della mindfulness e della meditazione può aiutare a creare distanza dai pensieri negativi. Essere consapevoli del momento presente senza giudizio riduce l'identificazione con il monologo interno, favorendo una prospettiva più equilibrata.

Coinvolgimento in Attività Positive

Impegnarsi in attività positive e gratificanti può influenzare positivamente il dialogo interno. Ottenere successi nelle piccole cose può contribuire a rafforzare la fiducia e a cambiare la narrazione personale.

Il Ruolo degli Specialisti nell'Affrontare il Dialogo Interno Negativo

Gli psicologi e i terapeuti, specializzati in terapie cognitive, possono fornire strumenti specifici per affrontare il dialogo interno negativo. Attraverso la terapia cognitivo-comportamentale (CBT), gli specialisti possono guidare l'individuo nel cambiamento dei modelli di pensiero dannosi.

In conclusione, cambiare il proprio dialogo interno è una parte fondamentale del percorso di guarigione dalla depressione. Queste strategie offrono strumenti pratici per promuovere una narrazione personale più positiva e resiliente, contribuendo a plasmare una prospettiva più luminosa sulla vita.

4.3 Mindfulness e Meditazione come Strumenti di Gestione

Coltivare la Calma Interiore nella Tempesta Emotiva

La mindfulness e la meditazione rappresentano potenti strumenti di gestione della depressione, offrendo un approccio olistico per affrontare il disagio emotivo. Questo capitolo esplorerà il ruolo centrale di queste pratiche nella promozione del benessere mentale e nell'abbassare l'intensità della depressione.

Fondamenti della Mindfulness

La mindfulness è una pratica che implica la consapevolezza del momento presente senza giudizio. Consiste nel focalizzarsi sulle sensazioni corporee, sui pensieri e sulle emozioni presenti, senza esserne travolti. Questa consapevolezza mira a ridurre il coinvolgimento e l'identificazione con pensieri negativi, contribuendo a creare distanza e chiarezza mentale.

Pratiche di Meditazione Mindfulness

Meditazione di Consapevolezza del Respiro: Concentrarsi sul respiro per aumentare la consapevolezza del momento presente.

Scansione Corporea: Esplorare consapevolmente le sensazioni in diverse parti del corpo per connettersi con il proprio stato fisico.

<u>Meditazione Camminata:</u> Praticare la consapevolezza durante il cammino, prestando attenzione ai movimenti del corpo e alle sensazioni dei passi.

Benefici della Mindfulness nella Gestione della Depressione

<u>Riduzione dello Stress:</u> La mindfulness favorisce la risposta al relax, riducendo i livelli di stress che possono contribuire alla depressione.

<u>Miglioramento dell'Attenzione:</u> La pratica costante può aumentare la capacità di concentrarsi, contrastando la difficoltà di concentrazione spesso associata alla depressione.

<u>Riduzione dei Pensieri Negativi:</u> La consapevolezza può aiutare a creare spazio tra i pensieri negativi, permettendo una valutazione più obiettiva e riducendo l'impatto emotivo.

La Meditazione Come Strumento di Regolazione Emotiva

La meditazione, in particolare quella focalizzata sull'attenzione al respiro e sulle sensazioni corporee, può essere uno strumento efficace per regolare le emozioni. Il riconoscimento e l'accettazione delle emozioni senza giudizio contribuiscono a creare una relazione più equilibrata con i propri stati emotivi.

Pratiche di Meditazione Guidata per la Depressione

Meditazione per la Compassione: Coltivare sentimenti di gentilezza e compassione, sia verso sé stessi che verso gli altri, può mitigare il dolore emotivo.

Meditazione per la Gratitudine: Focalizzarsi sulle cose per cui si è grati può ridurre il pessimismo e promuovere una prospettiva più positiva.

Incorporare la Mindfulness nella Vita Quotidiana

L'integrazione della mindfulness nella vita quotidiana può estendere i suoi benefici. Prestare attenzione consapevole alle attività quotidiane, come mangiare o lavarsi le mani, può trasformare momenti apparentemente banali in opportunità di consapevolezza.

Il Ruolo degli Specialisti nella Pratica della Mindfulness

Gli specialisti, tra cui psicologi e insegnanti di mindfulness, possono guidare coloro che lottano con la depressione nell'apprendimento e nell'integrazione della mindfulness nella loro vita. La terapia mindfulness (MBCT) è un approccio terapeutico specifico che ha dimostrato efficacia nella prevenzione delle ricadute depressive.

In conclusione, la mindfulness e la meditazione sono strumenti potenti per gestire la depressione, fornendo un'ancora di calma nel caos emotivo. Incorporare queste pratiche nella routine quotidiana può promuovere il benessere mentale e contribuire a sviluppare una prospettiva più equilibrata sulla vita.

50

Capitolo 5

Adottare uno Stile di Vita Salutare

5.1 Importanza dell'Alimentazione e dell'Esercizio Fisico

Nutrire Corpo e Mente per la Salute Mentale

L'alimentazione e l'esercizio fisico rivestono un ruolo fondamentale nella gestione della depressione, influendo non solo sulla salute fisica, ma anche sul benessere mentale. Questo capitolo esplorerà l'importanza di abitudini alimentari sane e di un'attività fisica regolare per promuovere una mente e un corpo resilienti.

L'Alimentazione Come Nutrimento per il Benessere Mentale

Una dieta equilibrata gioca un ruolo cruciale nella salute mentale. Consumare cibi ricchi di nutrienti, come frutta, verdura, proteine magre e grassi sani, fornisce al cervello gli elementi essenziali per la sua funzione ottimale. La mancanza di nutrienti può influire negativamente sull'umore e contribuire alla sintomatologia depressiva.

Alimenti e Nutrienti Chiave per la Salute Mentale

<u>Omega-3:</u> Presenti nei pesci grassi, semi di lino e noci, gli omega-3 sono associati a una riduzione del rischio di depressione.

<u>Vitamine del Gruppo B:</u> Fondamentali per il funzionamento del sistema nervoso, si trovano in carne magra, uova, cereali integrali e verdure a foglia verde.

<u>Antiossidanti:</u> Frutta e verdura colorate contengono antiossidanti che proteggono il cervello dallo stress ossidativo.

<u>Triptofano:</u> Trovato in alimenti come il tacchino, il triptofano è un precursore della serotonina, un neurotrasmettitore collegato al buonumore.

Effetti dell'Esercizio Fisico sulla Depressione

L'esercizio fisico regolare è associato a numerosi benefici per la salute mentale. L'attività fisica stimola la produzione di endorfine, sostanze chimiche cerebrali che agiscono come analgesici naturali e migliorano l'umore. Inoltre, l'esercizio riduce lo stress e l'ansia, due fattori correlati alla depressione.

Tipi di Esercizio Raccomandati per la Salute Mentale

<u>Aerobica:</u> Attività come camminare, correre, nuotare o ballare aumentano la frequenza cardiaca e migliorano il flusso sanguigno al cervello.

<u>Sollevamento Pesi:</u> Favorisce la forza fisica e può migliorare la fiducia in sé stessi, contribuendo a contrastare la depressione.

Routine Alimentari e Attività Fisica Come Strumenti Preventivi

Integrare una dieta sana e l'attività fisica nella routine quotidiana può agire come strumento preventivo contro la depressione. Le abitudini alimentari sane e l'esercizio regolare contribuiscono a mantenere l'equilibrio mentale e fisico nel lungo termine.

Il Supporto degli Specialisti nell'Adozione di uno Stile di Vita Salutare

Gli specialisti, inclusi nutrizionisti e personal trainer, possono svolgere un ruolo chiave nell'aiutare le persone a sviluppare un piano nutrizionale ed esercitare strategie pratiche. L'approccio multidisciplinare, coinvolgendo anche professionisti della salute mentale, può massimizzare i benefici complessivi.

Integrazione di Abitudini Salutari nella Terapia della Depressione

La gestione della depressione può essere arricchita integrando abitudini alimentari sane e l'esercizio fisico nella terapia complessiva. Questo approccio olistico promuove la connessione tra mente e corpo, creando una base solida per il benessere generale.

In conclusione, l'alimentazione equilibrata e l'esercizio fisico sono componenti vitali nella gestione della depressione. Sviluppare abitudini sane può portare a miglioramenti significativi nella salute mentale, contribuendo a costruire una base solida per la guarigione e la resilienza.

5.2 Il Ruolo del Sonno nella Salute Mentale

Riposo Rigenerativo per un Equilibrio Emotivo

Il sonno svolge un ruolo fondamentale nella salute mentale, influenzando direttamente il benessere emotivo e cognitivo. Questo capitolo esplorerà l'importanza di un sonno di qualità e fornirà strategie per migliorare le abitudini del sonno nella gestione della salute mentale.

L'Impatto del Sonno sulla Salute Mentale

Il sonno è cruciale per la salute mentale poiché svolge una serie di funzioni vitali.

<u>Riparazione Cerebrale:</u> Durante il sonno, il cervello si ripara e consolida le informazioni apprese durante il giorno.

<u>Regolazione dell'Umore:</u> Il sonno influisce sui livelli di neurotrasmettitori legati all'umore, come la serotonina e la dopamina.

<u>Gestione dello Stress:</u> Un sonno sufficiente aiuta a regolare i livelli di cortisolo, l'ormone dello stress.

Importanza delle Ore di Sonno Adeguate

Gli adulti dovrebbero mirare a 7-9 ore di sonno di qualità ogni notte per massimizzare i benefici per la salute mentale. La mancanza cronica di sonno può contribuire all'ansia, alla depressione e a problemi cognitivi.

Qualità del Sonno e Struttura del Sonno

La qualità del sonno è altrettanto importante quanto la quantità. Un sonno interrotto o una mancanza di fasi REM possono influire negativamente sulla memoria, sull'umore e sulla capacità di affrontare lo stress. Mantenere una struttura del sonno regolare, con orari costanti, contribuisce alla qualità complessiva del riposo notturno.

Strategie per Migliorare la Qualità del Sonno

<u>Routine Prima di Coricarsi:</u> Creare una routine rilassante prima di coricarsi, come leggere un libro o fare una doccia calda, può preparare il corpo e la mente al sonno.

<u>Ambiente di Sonno Ottimale:</u> Assicurarsi che la camera da letto sia buia, silenziosa e a una temperatura confortevole per favorire il sonno ininterrotto.

<u>Limitare l'Esposizione alla Luce Blu:</u> Ridurre l'esposizione a dispositivi elettronici prima di coricarsi,

poiché la luce blu può interferire con la produzione di melatonina, l'ormone del sonno.

Ruolo del Sonno nella Terapia della Depressione

Il sonno è un elemento chiave nella gestione della depressione. Specialisti della salute mentale possono integrare strategie di miglioramento del sonno nella terapia complessiva. L'ottimizzazione del sonno può migliorare i risultati terapeutici e contribuire al recupero a lungo termine.

Consapevolezza e Monitoraggio del Sonno

Essere consapevoli dei propri schemi di sonno e monitorare eventuali cambiamenti è fondamentale. L'utilizzo di dispositivi di monitoraggio del sonno può fornire dati utili sulla qualità del riposo notturno, aiutando a identificare e affrontare eventuali problemi.

Consigli per Affrontare l'Insonnia Occasionale

In caso di insonnia occasionale, pratiche di rilassamento come la meditazione o la respirazione profonda possono essere utili. Limitare l'ansia legata al sonno è essenziale per evitare un ciclo negativo di preoccupazioni notturne.

L'Approccio Multidisciplinare alla Salute Mentale e al Sonno

L'integrazione di abitudini di sonno sane dovrebbe essere parte integrante di un approccio multidisciplinare alla salute mentale. La collaborazione tra specialisti del sonno e professionisti della salute mentale può massimizzare i benefici complessivi.

In conclusione, il sonno è un pilastro essenziale per la salute mentale. Prestare attenzione alla quantità e alla qualità del sonno è un passo cruciale nella gestione della depressione e nella promozione di un benessere emotivo duraturo.

5.3 Riduzione dello Stress attraverso Pratiche Rilassanti

Un'Arma Potente nella Lotta Contro la Depressione

La riduzione dello stress è un elemento chiave nella gestione della depressione. Questo capitolo esplorerà l'importanza di pratiche rilassanti nella promozione del benessere emotivo e nel contrastare gli effetti negativi dello stress sulla salute mentale.

Collegamento tra Stress e Depressione

Lo stress cronico può contribuire allo sviluppo e all'aggravamento della depressione. La gestione efficace dello stress è quindi cruciale per prevenire e alleviare i sintomi depressivi.

Pratiche Rilassanti per la Riduzione dello Stress

<u>Meditazione Guidata:</u> Sedersi o sdraiarsi in modo confortevole e seguire una registrazione audio che guida attraverso il rilassamento mentale e fisico.

Respirazione Profonda: Praticare la respirazione diaframmatica lenta e profonda per stimolare il sistema nervoso parasimpatico, inducendo una risposta di rilassamento.

Stretching: Combina movimenti fisici controllati con la consapevolezza del respiro per ridurre la tensione muscolare e migliorare la flessibilità.

Massaggio: Il massaggio rilassante può alleviare la tensione muscolare e promuovere il rilassamento fisico e mentale.

Importanza della Consistenza nelle Pratiche Rilassanti

La chiave per sperimentare benefici duraturi è la consistenza. Incorporare pratiche rilassanti nella routine quotidiana stabilisce una base solida per affrontare lo stress continuo.

Integrazione delle Pratiche Rilassanti nella Routine Giornaliera

Pausa Breve di Meditazione: Dedica alcuni minuti al giorno per una breve sessione di meditazione o respirazione consapevole.

Passeggiata Rilassante: Goditi una passeggiata tranquilla in natura, prestando attenzione ai suoni, ai colori e alle sensazioni ambientali.

Routine Prima di Coricarsi: Praticare una routine rilassante prima di andare a letto può favorire il sonno tranquillo.

Musicoterapia e Suoni Rilassanti

L'ascolto di musica calma o suoni rilassanti, come onde dell'oceano o canto degli uccelli, può creare un'atmosfera tranquilla, riducendo lo stress e migliorando il benessere emotivo.

Il Potere della Visualizzazione Creativa

Immaginare scenari rilassanti o positivi può influenzare positivamente lo stato emotivo. La visualizzazione creativa può essere utilizzata come strumento per contrastare lo stress e favorire la calma.

Ruolo della Mindfulness nella Riduzione dello Stress

La mindfulness, la consapevolezza del momento presente, è intrinsecamente legata alla riduzione dello stress. Integrare la mindfulness nelle attività quotidiane può favorire una prospettiva più equilibrata e resiliente.

Supporto di Specialisti nella Gestione dello Stress

Gli psicologi e i counselor possono fornire tecniche specifiche per la gestione dello stress. La terapia cognitivo-comportamentale (CBT) può essere particolarmente efficace nell'identificare e affrontare i fattori di stress specifici.

In conclusione, le pratiche rilassanti svolgono un ruolo cruciale nella riduzione dello stress e nella gestione della depressione. Integrate nella routine quotidiana, queste pratiche contribuiscono a coltivare un ambiente interno di calma, favorendo il benessere emotivo e la resistenza ai fattori stressanti della vita.

Capitolo 6

Sviluppare Abilità di Fronteggiamento

6.1 Strategie di Coping per Affrontare Situazioni Difficili

Navigare le Tempeste Emotive con Resilienza

Affrontare situazioni difficili è essenziale nella gestione della depressione. Questo capitolo esplorerà strategie di coping pratiche per fronteggiare le sfide quotidiane, promuovendo la resilienza e il benessere mentale.

Comprendere il Concetto di Coping[1]

---

[1] Il termine "coping" si riferisce alle strategie e ai meccanismi che una persona utilizza per affrontare, gestire o adattarsi alle sfide, agli stress e alle difficoltà della vita. Il coping può coinvolgere un'ampia gamma di comportamenti, pensieri, emozioni e strategie che un individuo impiega per far fronte a situazioni stressanti o problematiche.

Esistono due tipi principali di coping:

Coping Orientato al Problema: In questo approccio, l'individuo si concentra sulla risoluzione pratica del problema. Questo può includere la pianificazione di azioni concrete, la ricerca di soluzioni e l'affrontare direttamente la causa dello stress.

Coping Orientato all'Emozione: Questo tipo di coping riguarda la gestione delle emozioni legate allo stress senza necessariamente risolvere il problema di fondo. Può coinvolgere attività come l'espressione emotiva, la ricerca di supporto sociale o l'uso di strategie di rilassamento.

Il modo in cui le persone affrontano le sfide può variare notevolmente e può dipendere da molteplici fattori, tra cui personalità, esperienze di vita passate, risorse disponibili e il tipo di stress affrontato. Il processo di coping è dinamico e può evolvere nel tempo in risposta alle diverse situazioni.

Il coping si riferisce alle strategie utilizzate per affrontare lo stress e le difficoltà. Un repertorio di strategie efficaci è cruciale per fronteggiare le sfide della vita e prevenire l'aggravarsi dei sintomi depressivi.

Strategie di Coping Attivo

<u>Problem Solving:</u> Identificare i problemi e sviluppare soluzioni pratiche. Affrontare le sfide in modo proattivo contribuisce a ridurre l'ansia.

<u>Pianificazione Anticipata:</u> Prepararsi in anticipo per situazioni stressanti può aiutare a gestirle in modo più efficace.

Cambio di Prospettiva: Esaminare la situazione da diverse prospettive può portare a soluzioni alternative e ridurre il senso di impotenza.

Strategie di Coping Emotivo

Espressione Emotiva: Condividere i sentimenti con gli altri o attraverso l'arte può liberare emozioni rese contenute.

<u>Mindfulness e Meditazione:</u> Essere consapevoli del momento presente può fornire un'ancora di calma durante le situazioni difficili.

<u>Distrazione Positiva:</u> Coinvolgersi in attività piacevoli o stimolanti può aiutare a distogliere l'attenzione dai pensieri negativi.

Strategie di Coping Basate sulla Relazione

<u>Rete di Supporto:</u> Condividere con amici o familiari può fornire sostegno emotivo e prospettive diverse.

<u>Comunicazione Aperta:</u> Esprimere i bisogni e le emozioni in modo aperto può migliorare la comprensione reciproca nelle relazioni.

<u>Ricerca di Aiuto Professionale:</u> Consultare uno psicologo o un counselor può fornire strumenti specifici per affrontare le sfide personali.

Gestione dello Stress Quotidiano

<u>Gestione del Tempo:</u> Pianificare le attività in modo da ridurre il senso di affanno e aumentare il senso di controllo.

<u>Attività Ricreative:</u> Includere nel quotidiano attività piacevoli e ricreative per contrastare lo stress.

<u>Esercizio Fisico:</u> L'attività fisica è un potente alleato nel gestire lo stress quotidiano e migliorare il tono dell'umore.

Creare una Routine di Auto-Cura

<u>Sonno Adeguato:</u> Mantenere una routine del sonno regolare contribuisce al benessere mentale generale.

<u>Alimentazione Equilibrata:</u> Una dieta sana fornisce al corpo e alla mente i nutrienti necessari.

<u>Tempo per il Relax:</u> Pianificare momenti di relax e riposo è fondamentale per rigenerare energia emotiva.

Monitorare e Adattare le Strategie di Coping

Essere flessibili nelle strategie di coping è essenziale. Monitorare l'efficacia delle strategie adottate e adattarle alle mutevoli circostanze è parte integrante della gestione della salute mentale.

L'importanza della Consapevolezza di Sé nella Scelta delle Strategie di Coping

Conoscere sé stessi e le proprie esigenze è essenziale nella scelta delle strategie di coping più adeguate. L'auto-consapevolezza guida la selezione di approcci che risuonano con le caratteristiche personali.

In conclusione, le strategie di coping sono fondamentali nella navigazione delle difficoltà quotidiane. La diversificazione delle risorse e la consapevolezza delle proprie esigenze sono elementi chiave per costruire una robusta gamma di strumenti di coping, promuovendo la resilienza e contribuendo alla gestione della depressione.

6.2 Costruire la Resilienza Emotiva

Fortificare il Cuore e la Mente contro le Tempeste della Vita

La resilienza emotiva è un pilastro essenziale nella gestione della depressione. Questo capitolo esplorerà come sviluppare e potenziare la resilienza, fornendo strumenti e strategie per affrontare le sfide della vita con forza interiore.

Comprendere la Resilienza Emotiva

La resilienza emotiva si riferisce alla capacità di affrontare le avversità, imparare da esse e adattarsi con successo. Nella gestione della depressione, la resilienza è come un baluardo che aiuta a superare le sfide con una prospettiva di crescita.

Fattori Chiave della Resilienza Emotiva

Auto-Consapevolezza: Conoscere e comprendere le proprie emozioni e risposte alle sfide è il primo passo per costruire la resilienza.

Ottimismo: Coltivare una prospettiva positiva può influenzare positivamente la percezione delle difficoltà.

Connessioni Sociali: Le relazioni forti e di supporto contribuiscono alla resilienza emotiva, fornendo un sostegno durante i momenti difficili.

Strategie per Sviluppare la Resilienza Emotiva

Cambiare la Prospettiva: Vedere le sfide come opportunità di crescita può trasformare la percezione delle difficoltà.

Sviluppare una Mentalità Aperta al Cambiamento: Accettare che il cambiamento è inevitabile e fare del proprio meglio per adattarsi alle nuove circostanze.

<u>Cura di Sé:</u> Prioritizzare il benessere mentale e fisico contribuisce a costruire una base solida per la resilienza.

Apprendimento dalla Sconfitta e dalla Critica

<u>Affrontare l'Autocritica:</u> Sviluppare la capacità di valutare sé stessi in modo obiettivo, senza eccessiva autocritica, favorisce la resilienza emotiva.

<u>Trarre Insegnamento dalle Sconfitte:</u> Analizzare le esperienze negative per imparare e crescere è un elemento chiave della resilienza.

Gestire lo Stress in Modo Costruttivo

<u>Consapevolezza del Proprio Stress:</u> Riconoscere i segnali di stress e sviluppare strategie per gestirlo in modo efficace.

<u>Affrontare il Disagio Emotivo:</u> Imparare a gestire e regolare le emozioni negative è cruciale per mantenere la resilienza.

Resilienza e Comunità

<u>Partecipazione a Gruppi di Supporto:</u> Condividere esperienze con altri che affrontano sfide simili può rafforzare la resilienza attraverso il sostegno reciproco.

Coinvolgimento nella Comunità: Contribuire attivamente alla comunità può fornire un senso di scopo e appartenenza, elementi fondamentali per la resilienza.

<u>Pianificazione Anticipata:</u> Prepararsi mentalmente alle sfide future può ridurre l'impatto emotivo.

<u>Celebrazione dei Successi:</u> Riconoscere e celebrare anche le piccole vittorie aiuta a costruire una prospettiva di successo.

Ruolo degli Specialisti nella Costruzione della Resilienza

<u>Terapia della Resilienza:</u> Gli psicologi specializzati nella terapia della resilienza possono fornire strumenti specifici per sviluppare questa capacità.

<u>Coaching di Vita:</u> I coach di vita possono guidare verso obiettivi specifici, fornendo supporto nella costruzione di una vita resiliente.

In conclusione, la costruzione della resilienza emotiva è un viaggio che richiede impegno e pratica costante. Integrare queste strategie nella vita quotidiana contribuisce a fortificare la mente e il cuore, promuovendo il benessere mentale e la capacità di affrontare con successo le sfide della vita.

6.3 Affrontare gli Ostacoli con Determinazione

La Forza Interiore nel Cuore della Battaglia

Affrontare gli ostacoli con determinazione è un aspetto fondamentale nella gestione della depressione. Questo capitolo esplorerà come coltivare e utilizzare la determinazione come risorsa per superare le sfide, costruendo una forza interiore che guida verso la guarigione e la resilienza.

La Determinazione come Chiave per la Sopravvivenza

La determinazione è la volontà e la forza di perseguire obiettivi nonostante le sfide. Nella gestione della depressione, la determinazione agisce come un faro che illumina il cammino attraverso le tenebre emotive.

Accettare e Affrontare la Realtà

Accettazione Realistica: Accettare la realtà delle difficoltà senza negazione può servire da trampolino per affrontare le sfide con chiarezza.

Confrontare le Paure: Esplorare le paure legate agli ostacoli può rendere più gestibili le sfide che sembrano insormontabili.

Sviluppare un Piano d'Azione Determinato

Obiettivi Specifici: Definire obiettivi chiari e raggiungibili aiuta a focalizzare la determinazione verso risultati tangibili.

Fasi Graduali: Suddividere gli obiettivi in fasi più piccole facilita il percorso, rendendo ogni passo più gestibile.

Persistenza e Resilienza

<u>Adattabilità:</u> Essere disposti a modificare il percorso quando necessario senza perdere di vista l'obiettivo finale.

<u>Apprendimento dalle Sconfitte:</u> Trarre insegnamenti dagli insuccessi anziché vederli come sconfitte irreversibili contribuisce alla crescita personale.

Affrontare l'Auto sabotaggio Mentale

<u>Auto-Compassione:</u> Sviluppare una voce interiore compassionevole può contrastare i pensieri autodistruttivi.

<u>Sfidare le Autocritiche Inutili:</u> Identificare e sfidare le convinzioni negative che minano la determinazione è fondamentale.

Il Ruolo del Supporto Sociale nella Determinazione

<u>Rete di Supporto:</u> Condividere obiettivi con amici e familiari può fornire un sostegno emotivo cruciale.

<u>Mentoring e Coaching:</u> Ricevere consigli da figure di riferimento può offrire prospettive preziose e motivazione.

Pratiche che Rafforzano la Determinazione

<u>Mindfulness e Meditazione:</u> Coltivare la consapevolezza del momento presente può rafforzare la determinazione attraverso la chiarezza mentale.

Visualizzazione: Immaginare il successo e la realizzazione degli obiettivi può rafforzare la determinazione.

La Gratitudine come Motivatore

Riconoscere i Progressi: Essere grati per i piccoli progressi alimenta il senso di realizzazione e la determinazione.

Coltivare la Prospettiva Positiva: Focalizzarsi sugli aspetti positivi della vita può aumentare la motivazione e la determinazione.

Affrontare gli Ostacoli con Flessibilità Mentale

Cambiamento di Strategie: Essere aperti a modificare le strategie quando necessario può evitare l'impasse e mantenere la determinazione.

Cercare Aiuto Professionale: Consultare professionisti della salute mentale può fornire strumenti specifici per affrontare ostacoli complessi.

In conclusione, affrontare gli ostacoli con determinazione è una risorsa chiave nella gestione della depressione. Coltivare la forza interiore richiede impegno costante, ma la determinazione diventa un faro luminoso che guida attraverso i momenti difficili verso una vita più ricca di significato e realizzazione.

Capitolo 7

Imparare a Gestire le Relazioni Interpersonali

7.1 Comunicazione Efficace

Il Ponte verso il Benessere Relazionale e la Salute Mentale

La comunicazione efficace è una competenza fondamentale nella gestione della depressione. Questo capitolo esplorerà l'importanza di sviluppare abilità comunicative solide, fornendo strumenti pratici per migliorare le relazioni, esprimere le proprie esigenze e promuovere il benessere mentale.

La Comunicazione come Fondamento della Relazione

La qualità delle relazioni è profondamente influenzata dalla comunicazione. Nella gestione della depressione, la capacità di comunicare in modo chiaro e rispettoso diventa un elemento cruciale per costruire un sostegno sociale solido.

Elementi Chiave della Comunicazione Efficace

<u>Ascolto Attivo:</u> Prestare attenzione con empatia alle parole dell'altro, riflettendo comprensione e interesse.

<u>Chiarezza:</u> Esprimere idee in modo semplice e comprensibile evita fraintendimenti.

<u>Empatia:</u> Comprendere e rispettare le emozioni altrui, anche quando divergenti dalle proprie.

Comunicare con Sé Stessi

<u>Auto-Espressione:</u> Comunicare i propri sentimenti e bisogni in modo aperto e onesto è fondamentale per relazioni sane.

<u>Auto-Consapevolezza:</u> Conoscere e comprendere le proprie emozioni prima di comunicarle agli altri.

Affrontare Conflitti in Modo Costruttivo

<u>Comprendere i Divergenti Punti di Vista:</u> Accettare che le persone possano vedere le cose in modi diversi è fondamentale per la risoluzione dei conflitti.

<u>Comunicare Senza Colpe:</u> Esprimere le proprie esigenze senza attribuire colpe favorisce la cooperazione.

Utilizzo del Linguaggio Positivo

<u>Focalizzarsi sulle Soluzioni:</u> Orientare la comunicazione verso la ricerca di soluzioni anziché concentrarsi sui problemi.

<u>Evitare Generalizzazioni Negative:</u> Limitare l'uso di parole assolute e generalizzazioni che possono intensificare i conflitti.

Affrontare il Silenzio e l'Isolamento

Incentivare la Comunicazione Aperta: Creare un ambiente sicuro e accogliente per incentivare la condivisione di pensieri ed emozioni.

Esplorare le Cause del Silenzio: Identificare e affrontare le paure o le preoccupazioni che possono causare il ritiro emotivo.

Comunicazione e Supporto Sociale nella Gestione della Depressione

Coinvolgimento della Rete di Supporto: Comunicare apertamente con amici e familiari può fornire un sostegno cruciale nella gestione della depressione.

Coinvolgimento di Specialisti: La comunicazione efficace con professionisti della salute mentale contribuisce a un trattamento più personalizzato ed efficace.

Apprendimento delle Abilità di Comunicazione

Corsi e Workshop: Partecipare a corsi di comunicazione può fornire strumenti pratici per migliorare le abilità comunicative.

Pratica Attiva: Applicare le nuove abilità in situazioni quotidiane contribuisce a consolidare il miglioramento.

L'Arte della Comunicazione Efficace con Sé Stessi

<u>Autoregolazione Emotiva</u>: Comunicare in modo costruttivo con sé stessi, gestendo i pensieri negativi, contribuisce al benessere mentale.

<u>Affrontare l'Auto-Critica</u>: Sfidare la tendenza all'autocritica e sostituirla con un dialogo interno più positivo.

In conclusione, la comunicazione efficace è un elemento fondamentale per la gestione della depressione. Sviluppare queste abilità non solo migliora le relazioni, ma contribuisce anche a creare un ambiente di supporto che favorisce il benessere mentale e la resilienza.

7.2 Creare Legami Sani

Fondamenta per il Sostegno Emotivo e la Salute Mentale

Creare legami sani è un pilastro essenziale nella gestione della depressione. Questo capitolo esplorerà l'importanza delle relazioni positive e fornirà strumenti pratici per coltivare connessioni significative, promuovendo il benessere emotivo e la resilienza.

Il Potere delle Relazioni nella Gestione della Depressione

Le relazioni significative forniscono un sostegno cruciale nella gestione della depressione. Creare legami sani può contribuire a ridurre l'isolamento, promuovere un senso di appartenenza e migliorare la qualità della vita.

Elementi Chiave per Creare Legami Sani

<u>Empatia e Comprensione:</u> Essere empatici e comprendere le esperienze altrui crea un terreno fertile per relazioni solide.

<u>Comunicazione Aperta:</u> Una comunicazione aperta e onesta è il fondamento delle relazioni sane.

Coltivare Connessioni Positive

<u>Interesse Genuino:</u> Dimostrare interesse genuino per gli altri favorisce la creazione di legami autentici.

<u>Condivisione di Esperienze:</u> Condividere esperienze personali contribuisce a costruire un senso di vicinanza e fiducia reciproca.

Nutrire Relazioni Esistenti

<u>Tempo di Qualità:</u> Dedicare tempo di qualità alle relazioni, anche attraverso piccoli gesti, rafforza il legame emotivo.

<u>Apprezzamento:</u> Esprimere gratitudine e apprezzamento per le persone importanti nella propria vita consolida il legame affettivo.

Affrontare i Conflitti in Modo Costruttivo

<u>Ascolto Empatico:</u> Ascoltare attivamente durante i momenti di conflitto contribuisce a una comprensione reciproca.

<u>Rispetto delle Differenze:</u> Accettare e rispettare le differenze di opinione promuove una gestione positiva dei conflitti.

Creare un Ambiente di Supporto

<u>Supporto Reciproco:</u> Creare un ambiente in cui il sostegno è reciproco favorisce il benessere emotivo di tutti i membri della relazione.

<u>Condivisione delle Responsabilità:</u> Distribuire le responsabilità in modo equo contribuisce a mantenere un equilibrio nella relazione.

Il Ruolo della Rete di Supporto nella Gestione della Depressione

<u>Coinvolgimento della Rete Sociale:</u> Coinvolgere amici, familiari e colleghi nella gestione della depressione crea un sistema di supporto più ampio.

<u>Comunicazione Aperta sulle Esigenze:</u> Comunicare apertamente le proprie esigenze favorisce un sostegno mirato e consapevole.

Sviluppare Nuove Connessioni

<u>Partecipare a Gruppi e Attività:</u> Unirsi a gruppi o attività con interessi simili offre opportunità per creare nuovi legami significativi.

<u>Volontariato:</u> Contribuire alla comunità attraverso il volontariato non solo beneficia gli altri, ma crea anche nuove connessioni sociali.

L'Equilibrio tra Dare e Ricevere

<u>Dare Senza Aspettarsi Ritorno:</u> Condividere senza aspettarsi un ritorno immediato crea un ambiente di fiducia reciproca.

<u>Chiedere Aiuto quando Necessario:</u> Essere disposti a chiedere aiuto quando necessario è parte integrante della creazione di legami sani.

In conclusione, creare legami sani è una risorsa preziosa nella gestione della depressione. Coltivare relazioni positive contribuisce a un ambiente di supporto che sostiene il benessere emotivo e favorisce una maggiore resilienza di fronte alle sfide della vita.

7.3 Risolvere Conflitti in Modo Costruttivo

Fondamenta per Relazioni Salutari e Benessere Emotivo

Risolvere conflitti in modo costruttivo è essenziale per la salute delle relazioni e la gestione della depressione. Questo capitolo esplorerà strategie e approcci pratici per affrontare i conflitti in modo positivo, favorendo la comprensione reciproca e contribuendo al benessere emotivo.

Importanza della Gestione Positiva dei Conflitti

La presenza di conflitti è inevitabile nelle relazioni umane. Tuttavia, come vengono affrontati e risolti può fare la differenza tra una relazione che si indebolisce e una che si rafforza.

Elementi Chiave per la Risoluzione Costruttiva dei Conflitti

<u>Ascolto Empatico:</u> Capire i punti di vista dell'altro con empatia è il punto di partenza per la risoluzione costruttiva.

<u>Chiarezza nelle Comunicazioni:</u> Esprimere chiaramente i propri pensieri e sentimenti evita fraintendimenti e contribuisce alla risoluzione.

<u>Rispetto reciproco:</u> Trattare l'altro con rispetto, anche in situazioni di conflitto, crea un terreno fertile per la collaborazione.

Approcci Pratici alla Risoluzione dei Conflitti

<u>Identificare il Nucleo del Conflitto:</u> Scavare al di là dei sintomi superficiali per individuare le cause profonde del conflitto.

<u>Focalizzarsi sui Fatti:</u> Evitare interpretazioni eccessive e concentrarsi sui fatti oggettivi riduce la probabilità di fraintendimenti.

<u>Esprimere Emozioni in Modo Costruttivo:</u> Comunicare i propri sentimenti in modo rispettoso, evitando l'aggressività, apre la strada alla comprensione reciproca.

Strategie per la Risoluzione dei Conflitti nelle Relazioni Personali

<u>Tempo e Spazio per il Raffreddamento:</u> In situazioni di conflitto intenso, prendersi del tempo per raffreddare le emozioni può prevenire risposte impulsive.

<u>Riunione per la Discussione:</u> Creare un ambiente neutro e rilassato per discutere apertamente del conflitto favorisce la risoluzione.

<u>Collaborazione per Trovare Soluzioni:</u> Lavorare insieme alla ricerca di soluzioni che soddisfino entrambe le parti rafforza la collaborazione.

Risolvere Conflitti nelle Relazioni Lavorative

<u>Comunicazione Aperta e Chiara:</u> Nell'ambiente lavorativo, la chiarezza nella comunicazione è essenziale per evitare fraintendimenti.

<u>Coinvolgimento di Terze Parti Neutre:</u> In situazioni di conflitto prolungato, coinvolgere un mediatore neutro può facilitare la risoluzione.

Affrontare i Conflitti Familiari in Modo Costruttivo

<u>Rispetto delle Differenze Individuali:</u> Le famiglie sono composte da individui unici; rispettare le differenze riduce il conflitto.

<u>Stabilire Limiti Chiari:</u> Definire limiti chiari e rispettarli contribuisce a una convivenza armoniosa.

Risoluzione di Conflitti nelle Relazioni Romantiche

Praticare la Comprensione Empatica: Nel contesto romantico, comprendere profondamente i sentimenti e i bisogni del partner è essenziale.

Esprimere Bisogni in Modo Costruttivo: Comunicare i propri bisogni in modo positivo e costruttivo evita la creazione di risentimenti.

Il Ruolo della Terapia nella Risoluzione dei Conflitti

Consulenza di Coppia e Familiare: Consultare un professionista può fornire strumenti specifici per affrontare dinamiche relazionali complesse.

Apprendere Tecniche di Comunicazione: Corsi e workshop sulla comunicazione possono fornire strumenti pratici per migliorare le abilità comunicative.

Monitoraggio Costante della Salute delle Relazioni

Periodici Controlli Relazionali: Fare regolarmente il punto sulla salute della relazione permette di affrontare eventuali problemi in modo preventivo.

Flessibilità e Adattamento: Essere flessibili nel modificare le dinamiche relazionali in risposta ai cambiamenti riduce la probabilità di conflitti prolungati.

In conclusione, risolvere conflitti in modo costruttivo è fondamentale per la salute delle relazioni e il benessere emotivo. La gestione positiva dei conflitti contribuisce a un ambiente relazionale sano, favorendo la resilienza e il sostegno reciproco nella lotta contro la depressione.

Capitolo 8

Cercare il Trattamento Professionale

8.1 Opzioni di trattamento: terapia cognitivo-comportamentale, farmaci, ecc.

La gestione della depressione spesso coinvolge una combinazione di approcci terapeutici mirati. Questo capitolo esplorerà diverse opzioni di trattamento, offrendo un panorama delle strategie efficaci per affrontare la depressione e promuovere il benessere mentale.

Comprendere la Multidimensionalità della Terapia

La depressione è una condizione complessa che richiede un approccio multidimensionale. Comprendere la varietà di opzioni disponibili consente di personalizzare il trattamento in base alle esigenze individuali.

Terapia Cognitivo-Comportamentale (TCC)

La TCC è una forma di terapia che si concentra su modelli di pensiero negativo e comportamenti distruttivi. Gli obiettivi includono il cambiamento dei pensieri distorti e l'adozione di comportamenti più adattivi.

Farmaci Antidepressivi

I farmaci antidepressivi, come gli inibitori selettivi della ricaptazione della serotonina (SSRI) o gli inibitori della ricaptazione della serotonina e noradrenalina (SNRI), possono essere prescritti per regolare i livelli di neurotrasmettitori nel cervello e migliorare il tono dell'umore.

Terapia Interpersonale (TIP)

La TIP si concentra sul miglioramento delle relazioni interpersonali e della comunicazione. Questa terapia mira a ridurre il conflitto e migliorare le abilità sociali, riducendo così il livello di stress.

Terapia della Consapevolezza (Mindfulness)

La mindfulness, derivata dalla pratica della meditazione, è un approccio che insegna a essere consapevoli del momento presente. Riducendo l'ansia legata al futuro e la ruminazione sul passato, la mindfulness può contribuire al benessere mentale.

Elettro convulsivo terapia (ECT)

In casi gravi e resistenti agli altri trattamenti, l'ECT può essere considerata. Questa terapia coinvolge brevi impulsi elettrici al cervello per indurre un breve stato di convulsioni, spesso portando a un miglioramento dei sintomi depressivi.

Terapia della Luce

La terapia della luce, o fototerapia, coinvolge l'esposizione a una luce brillante, simulando la luce naturale. È spesso utilizzata per trattare i disturbi affettivi stagionali e può essere parte di un piano di trattamento per la depressione.

Psicoterapia Psicodinamica

La psicoterapia psicodinamica si concentra sull'esplorazione dei processi inconsci che influenzano il comportamento. Questa terapia mira a migliorare la consapevolezza di sé e affrontare le radici profonde dei disturbi emotivi.

Supporto dei Gruppi e Comunità Online

Il coinvolgimento in gruppi di supporto e comunità online può offrire sostegno emotivo, condivisione di esperienze e consigli pratici da persone che affrontano sfide simili.

Coaching di Vita e Counseling

Il coaching di vita e il counseling offrono un supporto personalizzato per affrontare le sfide della vita, sviluppando strategie pratiche e obiettivi personali.

La Scelta della Combinazione Ottimale

Spesso, un approccio combinato, come la combinazione di terapia e farmaci, può essere il percorso più efficace. La scelta della combinazione ottimale dipende dalle esigenze individuali e dalla risposta al trattamento.

L'importanza della Consistenza e del Monitoraggio

La continuità del trattamento e il monitoraggio regolare della risposta sono essenziali. Adattare il piano di trattamento in base ai progressi e alle nuove sfide è parte integrante della gestione della depressione.

In conclusione, le opzioni di trattamento offrono una gamma diversificata di approcci per affrontare la depressione. La collaborazione con professionisti della salute mentale per creare un piano personalizzato è fondamentale per il percorso verso la guarigione e il recupero del benessere mentale.

8.2 La Decisione di Cercare Aiuto Professionale

Passo Cruciale verso la Guarigione

La decisione di cercare aiuto professionale è un passo fondamentale sulla strada verso la guarigione dalla depressione. Questo capitolo esplorerà i motivi per cui la consulenza professionale è preziosa, sfatando eventuali preoccupazioni comuni, e fornirà orientamenti pratici per superare le barriere emotive e sociali che potrebbero ostacolare il ricorso a professionisti della salute mentale.

Accettare la Necessità di Aiuto

Riconoscere che la depressione è una sfida complessa e che richiede competenze specializzate è il primo passo verso la decisione di cercare assistenza professionale. Accettare di aver bisogno di aiuto non è un segno di debolezza, ma piuttosto di consapevolezza e forza.

Motivazioni per Cercare Aiuto Professionale

Esperti nella Gestione delle Malattie Mentali:

I professionisti della salute mentale hanno competenze specializzate per affrontare la complessità della depressione.

Strumenti e Strategie Efficaci: Gli specialisti offrono una gamma di approcci terapeutici e strumenti pratici per affrontare i sintomi depressivi.

Sostegno Senza Giudizio: I professionisti sono addestrati a fornire sostegno senza giudicare, creando un ambiente sicuro per esplorare emozioni e pensieri.

Sfatare i Miti sulla Ricerca di Aiuto Professionale

Mito: "Chiedere Aiuto è Segno di Debolezza"

Realtà: Cercare aiuto è un atto di forza e consapevolezza, dimostrando impegno verso il proprio benessere.

Mito: "Posso Gestirlo da Solo/a"

Realtà: La depressione è una sfida complessa e richiede spesso il supporto di professionisti qualificati.

Mito: "La Terapia è Solo per Persone con Problemi Gravi"

Realtà: La terapia è efficace sia per problemi gravi che per quelli meno gravi, offrendo strumenti preziosi per il miglioramento.

Barriere Emotive e Sociali da Superare

Vergogna e Stigma: Affrontare la vergogna associata alla malattia mentale è un passo importante verso la ricerca di aiuto.

Paura del Giudizio: Riconoscere e affrontare la paura del giudizio sociale può liberare la via per il trattamento.

Confronto con Altri: "Non Ho Problemi Così Gravi"

Risposta: Ogni esperienza è valida, indipendentemente dalla sua gravità. Cercare aiuto è un atto di cura verso sé stessi.

Scegliere il Professionista Giusto

Psicologi, Psichiatri, Terapisti: Conoscere le differenze tra i professionisti della salute mentale aiuta a fare una scelta informata.

Consultazioni Preliminari: Effettuare consultazioni iniziali con diversi professionisti per trovare il giusto match è un passo importante.

Coinvolgere la Rete di Supporto Personale

Condividere la Decisione: Informare amici e familiari sulla decisione di cercare aiuto può fornire sostegno e comprensione.

Coinvolgere la Rete di Supporto: Chiedere a persone fidate di sostenere durante il percorso verso il trattamento può facilitare il processo.

Affrontare la Paura dell'Impegno Finanziario

Assicurazione Sanitaria: Esplorare le opzioni di copertura sanitaria e verificare se la terapia è coperta.

Servizi a Basso Costo o Gratuiti: Esistono servizi di salute mentale a basso costo o gratuiti che possono essere esplorati.

L'importanza della Persistenza

Monitorare i Progressi: Tenere traccia dei cambiamenti e dei progressi nel percorso terapeutico contribuisce a mantenere la motivazione.

Regolare il Piano di Trattamento: Avere la flessibilità di adattare il piano di trattamento in base alle esigenze individuali è essenziale.

In conclusione, la decisione di cercare aiuto professionale è un passo vitale verso la guarigione. Superare le barriere emotive e sociali richiede coraggio, ma è un investimento prezioso nella propria salute mentale e nel benessere complessivo.

8.3 Superare la Stigmatizzazione Associata alla Terapia

Liberare la Via verso il Benessere Mentale

La stigmatizzazione associata alla terapia può rappresentare una barriera significativa per coloro che cercano aiuto per la depressione. Questo capitolo esplorerà la natura della stigmatizzazione, come essa influisce sulla percezione della terapia e fornirà strategie pratiche per superare il pregiudizio sociale, permettendo a più individui di accedere ai benefici della cura mentale.

Comprendere la Stigmatizzazione della Salute Mentale

La stigmatizzazione è un processo sociale in cui le persone vengono etichettate e definite in base a stereotipi negativi.

Nel contesto della salute mentale, la stigmatizzazione può portare a pregiudizi e discriminazioni nei confronti di coloro che cercano aiuto attraverso la terapia. Questo fenomeno può essere alimentato da percezioni errate, mancanza di conoscenza e idee preconcette sulla malattia mentale.

Stereotipi Comuni e Miti da Affrontare

Mito: "La Terapia è Solo per Persone 'Squilibrate'"

Realtà: La terapia è un valido strumento di gestione delle sfide quotidiane e può essere benefica per chiunque.

Stereotipo: "Chi Cerca Aiuto è Debole"

Realtà: Cercare aiuto è un atto di forza, dimostrando consapevolezza e impegno verso il proprio benessere.

Mito: "Solo le Persone con Gravi Problemi Mentali Hanno Bisogno di Terapia"

Realtà: La terapia è efficace per una vasta gamma di sfide mentali, da problemi quotidiani a condizioni più complesse.

Impatto della Stigmatizzazione sulla Decisione di Cercare Aiuto

Paura del Giudizio Sociale: La paura di essere giudicati può scoraggiare molte persone dall'esplorare l'opzione della terapia.

Senso di Vergogna: La percezione che la terapia sia associata a qualcosa di vergognoso può ostacolare la ricerca di aiuto.

Auto stigmatizzazione: Le persone potrebbero internalizzare il pregiudizio sociale, colpevolizzandosi per aver bisogno di assistenza.

Strategie per Superare la Stigmatizzazione della Terapia

Educazione e Consapevolezza Pubblica: Promuovere la conoscenza della salute mentale riduce l'ignoranza e abbassa il livello di stigmatizzazione.

Racconti Positivi: Condividere storie di successo di coloro che hanno beneficiato dalla terapia può sfidare gli stereotipi negativi.

<u>Campagne di Sensibilizzazione:</u> Coinvolgere la comunità in campagne che sfatino miti e dimostrino che cercare aiuto è un atto di coraggio.

Normalizzare la Conversazione sulla Salute Mentale

<u>Discutere Apertamente:</u> Aprire un dialogo sulla salute mentale rende la conversazione più normale e accettabile.

Promuovere la Salute Mentale come Parte Integrante <u>della Salute Generale:</u> La salute mentale dovrebbe essere considerata alla stregua della salute fisica, contribuendo a ridurre lo stigma associato.

Coinvolgimento della Comunità

<u>Eventi e Incontri sulla Salute Mentale:</u> Creare spazi di discussione e consapevolezza all'interno della comunità contribuisce a normalizzare la terapia.

<u>Supporto delle Figure Pubbliche:</u> L'apertura di figure pubbliche sulla propria esperienza con la terapia può avere un impatto significativo sulla percezione sociale.

Sostenere Coloro che Cercano Aiuto

<u>Sostegno Empatico:</u> Offrire sostegno a coloro che cercano aiuto, dimostrando empatia e comprensione, può ridurre la percezione di isolamento.

<u>Promuovere la Condivisione di Esperienze:</u> Creare spazi in cui le persone possano condividere apertamente le

proprie esperienze può rompere il ciclo della stigmatizzazione.

Il Ruolo dei Professionisti della Salute Mentale

<u>Creare un Ambiente Accogliente:</u> I professionisti della salute mentale possono contribuire a creare ambienti accoglienti e privi di giudizio.

Incoraggiare la Normalizzazione del Ricorso alla <u>Terapia:</u> Promuovere la terapia come una risorsa normale per la gestione della salute mentale aiuta a sradicare il pregiudizio.

In conclusione, superare la stigmatizzazione associata alla terapia è cruciale per garantire che coloro che ne hanno bisogno possano accedere ai benefici della cura mentale senza paura o vergogna. Educare la società, normalizzare la conversazione sulla salute mentale e promuovere l'empatia sono passi fondamentali per creare un ambiente in cui la terapia sia accettata e apprezzata come risorsa preziosa.

Capitolo 9

Creare Obiettivi e Pianificare il Futuro

9.1 Stabilire Obiettivi Realistici e Raggiungibili

Fondamenta per la Guarigione Progressiva

Stabilire obiettivi realistici e raggiungibili è un aspetto essenziale nella gestione della depressione. Questo capitolo esplorerà l'importanza di impostare obiettivi pratici, come ciò può contribuire al miglioramento graduale della salute mentale e come sviluppare strategie per affrontare le sfide lungo il percorso.

Il Ruolo degli Obiettivi nella Gestione della Depressione

Gli obiettivi fungono da guida nella gestione della depressione, aiutando a focalizzare l'energia su risultati specifici e misurabili. Tuttavia, è fondamentale che questi obiettivi siano realistici e adattati alle capacità individuali.

Caratteristiche degli Obiettivi Realistici

Specificità: Gli obiettivi dovrebbero essere chiari e definiti in modo preciso per evitare ambiguità.

<u>Misurabilità:</u> La possibilità di misurare il progresso degli obiettivi consente di valutare in modo tangibile il successo.

<u>Rilevanti:</u> Gli obiettivi devono essere significativi e direttamente collegati al benessere mentale.

<u>Temporali:</u> Impostare scadenze ragionevoli contribuisce a mantenere la motivazione e a valutare il progresso nel tempo.

Obiettivi a Breve, Medio e Lungo Termine

<u>Obiettivi a Breve Termine:</u> Concentrarsi su piccoli traguardi giornalieri o settimanali può contribuire a mantenere la motivazione nel breve periodo.

<u>Obiettivi a Medio Termine:</u> Pianificare risultati che richiedano più tempo, solitamente da alcune settimane a diversi mesi, può fornire una prospettiva temporale più ampia.

<u>Obiettivi a Lungo Termine:</u> Gli obiettivi a lungo termine dovrebbero rappresentare il quadro generale della guarigione e del benessere sostenibile.

Strategie per Sviluppare Obiettivi Realistici

<u>Autovalutazione:</u> Valutare onestamente le proprie risorse, abilità e limiti è essenziale per impostare obiettivi realistici.

<u>Consultazione Professionale:</u> Consultare professionisti della salute mentale può fornire un'indicazione chiara su quali obiettivi siano raggiungibili e utili.

<u>Flessibilità:</u> Essere flessibili nell'adattare gli obiettivi in base alle circostanze e al progresso aiuta a mantenere un approccio realistico.

Affrontare le Sfide e le Delusioni

<u>Rivedere e Regolare:</u> Periodicamente rivedere gli obiettivi consente di regolarli in base alle esperienze e ai cambiamenti delle circostanze.

<u>Accettare le Delusioni Come Parte del Percorso:</u> Capire che non tutti gli obiettivi possono essere raggiunti come pianificato è parte integrante del processo di apprendimento e crescita.

Esempi di Obiettivi per la Gestione della Depressione

<u>Obiettivo a Breve Termine:</u> "Mantenere una routine giornaliera che includa attività piacevoli per almeno 30 minuti al giorno per le prossime due settimane."

<u>Obiettivo a Medio Termine:</u> "Partecipare a un corso di mindfulness per le prossime otto settimane al fine di sviluppare una pratica regolare di gestione dello stress."

<u>Obiettivo a Lungo Termine:</u> "Sviluppare un solido sistema di supporto sociale partecipando a gruppi di supporto e coltivando legami significativi nei prossimi sei mesi."

<u>Coinvolgere Amici e Familiari:</u> Condividere gli obiettivi con amici e familiari può fornire supporto e responsabilità aggiuntivi.

<u>Comunicare le Esigenze:</u> Esprimere apertamente le esigenze e i progressi con il proprio cerchio sociale contribuisce a creare un ambiente di supporto.

La Gratificazione del Progresso

<u>Celebrazione dei Successi:</u> Riconoscere e celebrare anche i successi più piccoli contribuisce a mantenere alta la motivazione.

<u>Regolare Autovalutazione:</u> Periodicamente riflettere sul progresso aiuta a mantenere una visione chiara degli obiettivi raggiunti.

In conclusione, stabilire obiettivi realistici e raggiungibili è una componente chiave nel percorso verso la gestione della depressione. Questi obiettivi non solo guidano il progresso, ma contribuiscono anche a fornire una struttura e un senso di realizzazione, promuovendo così il benessere mentale graduale e sostenibile.

9.2 Pianificare Passo dopo Passo

Navigare il Percorso della Guarigione dalla Depressione

La pianificazione passo dopo passo è un elemento cruciale nel percorso della guarigione dalla depressione.

Questo capitolo esplorerà l'importanza della pianificazione, fornendo strategie pratiche per sviluppare piani personalizzati, adattabili e sostenibili per affrontare la depressione in modo progressivo.

Il Ruolo della Pianificazione nella Gestione della Depressione

La pianificazione offre una guida strutturata per affrontare la depressione, consentendo una gestione più efficace degli obiettivi, delle risorse e delle sfide lungo il percorso. Un piano ben definito può diventare una mappa per il percorso verso il benessere mentale.

Elementi Chiave della Pianificazione Passo dopo Passo

<u>Autovalutazione:</u> Comprendere le proprie risorse, limiti e priorità è fondamentale per una pianificazione realistica.

<u>Definizione degli Obiettivi:</u> Stabilire obiettivi specifici e misurabili fornisce una direzione chiara e un punto di riferimento per valutare il progresso.

<u>Suddivisione in Passi Maneggevoli:</u> Suddividere gli obiettivi in passi più piccoli rende il percorso più gestibile e riduce il rischio di sentirsi sopraffatti.

Pianificazione a Breve, Medio e Lungo Termine

<u>Breve Termine:</u> Identificare azioni e strategie da attuare nei prossimi giorni o settimane.

<u>Medio Termine:</u> Pianificare passi successivi che richiedano più tempo, generalmente da qualche settimana ad alcuni mesi.

<u>Lungo Termine:</u> Visualizzare il percorso a lungo termine, delineando gli obiettivi di guarigione e benessere sostenibile.

Sviluppare Strategie di Affronto

<u>Identificare Risorse:</u> Riconoscere risorse personali e esterne che possono contribuire alla gestione dello stress.

<u>Affrontare le Sfide:</u> Anticipare le possibili sfide e sviluppare strategie per affrontarle in modo costruttivo.

Utilizzare Strumenti di Organizzazione

<u>Agende e Planner:</u> Utilizzare agende o planner per tenere traccia di obiettivi, appuntamenti e attività quotidiane.

<u>App di Gestione del Tempo:</u> Sfruttare app specializzate per la gestione del tempo e la pianificazione delle attività.

Coinvolgere Professionisti della Salute Mentale nella Pianificazione

<u>Consultazioni Periodiche:</u> Programmare consultazioni regolari con professionisti della salute mentale per valutare e adattare il piano in base ai progressi.

<u>Incorporare Terapie Specifiche:</u> Integrare terapie specifiche, come la terapia cognitivo-comportamentale o la terapia interpersonale, nel piano generale.

Coinvolgere la Rete di Supporto Personale

<u>Condivisione del Piano:</u> Comunicare apertamente il piano con amici e familiari, coinvolgendoli nel processo di supporto.

<u>Coinvolgere nella Pianificazione:</u> Chiedere il contributo e il sostegno della rete di supporto personale nella definizione e nell'attuazione del piano.

Flessibilità e Adattamento

<u>Valutare e Regolare:</u> Periodicamente valutare il piano, regolandolo in base alle esigenze, ai cambiamenti di circostanze e al progresso raggiunto.

<u>Accettare Regolazioni:</u> Essere flessibili nell'accettare regolazioni al piano aiuta a mantenere una prospettiva realistica e adattabile.

In conclusione, pianificare passo dopo passo è un componente fondamentale nella gestione della depressione. Un piano ben strutturato fornisce un percorso chiaro e gestibile, consentendo di affrontare la depressione in modo progressivo e sostenibile.

9.3 Sviluppare un Senso di Scopo e Significato nella Vita:

Illuminare il Cammino della Guarigione

Sviluppare un senso di scopo e significato nella vita è un aspetto vitale nella gestione della depressione. Questo capitolo esplorerà l'importanza di identificare un senso più profondo nella propria esistenza, offrendo strategie pratiche per trovare significato e ispirazione nel percorso verso la guarigione mentale.

Il Ruolo del Senso di Scopo nella Guarigione

Il senso di scopo è un motore potente per il benessere mentale. Identificare un significato più profondo nella vita può contribuire a generare speranza, resilienza e un'orientazione positiva nel percorso della guarigione.

Riflessione su Valori e Passioni Fondamentali

Esplorare i Valori Personali: Identificare i principi fondamentali che guidano le decisioni e le azioni quotidiane.

Coltivare Passioni: Riattivare o scoprire nuove passioni può arricchire la vita di significato.

Definizione di Obiettivi Connessi al Senso di Scopo

Obiettivi Allineati ai Valori: Impostare obiettivi che riflettano e promuovano i valori personali contribuisce a consolidare un senso di scopo.

<u>Contribuzione alla Comunità:</u> Identificare modi per contribuire positivamente alla comunità può dare un senso più profondo di significato.

Connessione con Relazioni Significative

<u>Coltivare Relazioni Salutari:</u> Investire nel mantenimento e nella creazione di relazioni significative offre un sostegno cruciale nel percorso della guarigione.

<u>Comunicare Apertamente:</u> Aprirsi con gli altri sulla propria esperienza contribuisce a creare connessioni più profonde e significative.

Mindfulness e Consapevolezza

<u>Pratiche di Mindfulness:</u> La consapevolezza del momento presente può creare un senso di calma interiore e focalizzare l'attenzione su ciò che è significativo.

<u>Riflessione Periodica:</u> Periodicamente riflettere sulla propria vita e sul percorso della guarigione aiuta a mantenere un senso di direzione e significato.

Trovare Scopo nel Servizio agli Altri

<u>Volontariato:</u> Partecipare a attività di volontariato offre l'opportunità di fare la differenza nella vita degli altri, contribuendo al proprio senso di scopo.

<u>Aiutare gli Amici e la Famiglia:</u> Offrire sostegno agli altri può essere gratificante e creare un legame più profondo con la propria comunità.

La Ricerca di Significato Attraverso l'Apprendimento

<u>Crescita Personale:</u> Impegnarsi nell'apprendimento continuo, sia attraverso la formazione professionale che attraverso la scoperta personale, può aprire nuovi orizzonti e contribuire al senso di crescita.

<u>Esplorare Nuovi Interessi:</u> Sperimentare nuovi interessi e attività offre l'opportunità di ampliare la prospettiva sulla propria vita.

Integrazione del Senso di Scopo nel Quotidiano

<u>Routine Orientate allo Scopo:</u> Integrare azioni quotidiane che riflettano il senso di scopo contribuisce a mantenere vivo il significato nella vita di tutti i giorni.

<u>Manifestare il Senso di Scopo in Piccole Azioni:</u> Piccoli gesti di gentilezza e contribuzione quotidiana possono avere un impatto significativo nel promuovere un senso di scopo.

In conclusione, sviluppare un senso di scopo e significato nella vita è un elemento chiave nella gestione della depressione. Attraverso la riflessione, l'azione e la connessione con ciò che è più significativo, è possibile illuminare il cammino della guarigione mentale, trasformando la vita in un percorso arricchente e significativo.

Capitolo 10

La Via verso il Recupero

10.1 Celebrare i Progressi

Valorizzare Ogni Passo Verso la Guarigione

Celebrare i progressi è un aspetto fondamentale nel percorso di gestione della depressione. Questo capitolo esplorerà l'importanza di riconoscere e festeggiare anche i successi più piccoli, offrendo strategie pratiche per alimentare la motivazione e creare un ambiente positivo di autocomprensione.

L'Importanza di Celebrare i Progressi

Celebrare i progressi è cruciale per mantenere un atteggiamento positivo e costruttivo nel percorso di guarigione dalla depressione. Riconoscere i successi, anche quelli apparentemente piccoli, contribuisce a rafforzare la motivazione e ad alimentare il senso di realizzazione personale.

Riconoscere i Successi quotidiani

<u>Piccole Vittorie:</u> Riconoscere e celebrare le piccole vittorie quotidiane, come completare una piccola attività o affrontare una sfida personale.

<u>Concentrarsi sui Progressi:</u> Rivolgere l'attenzione ai progressi, anche minimi, anziché concentrarsi solo sugli ostacoli rimanenti.

Creare un Registro dei Successi

<u>Diario dei Successi:</u> Tenere un diario o un registro in cui annotare i successi, grandi e piccoli, contribuisce a mantenere una prospettiva positiva.

<u>Esplorare le Emozioni Associate:</u> Riflettere sulle emozioni associate a ciascun successo può rafforzare il legame positivo con il proprio percorso.

Coinvolgere la Rete di Supporto

<u>Condividere i Successi:</u> Condividere i successi con amici e familiari rafforza il senso di connessione e può generare ulteriore supporto.

Coinvolgere la Rete di Supporto nei Festeggiamenti: Coinvolgere coloro che sono vicini nell'atto di celebrare crea un ambiente positivo e collettivo.

Celebrare i Progressi a Breve, Medio e Lungo Termine

<u>Ricompense Intermedie:</u> Programmare ricompense o momenti di celebrazione per progressi a breve e medio termine.

<u>Celebrazioni a Lungo Termine:</u> Pianificare celebrazioni significative per successi che richiedono più tempo per essere raggiunti.

Coinvolgere Attività Gratificanti

<u>Attività Placative:</u> Coinvolgere attività che portano piacere e gratificazione contribuisce a rafforzare il collegamento positivo con il progresso.

<u>Momenti di Relax:</u> Creare momenti dedicati al relax e al riposo in seguito ai successi raggiunti.

Rinnovare il Fervore di Fronte alle Sfide

<u>Rispondere in Modo Positivo alle Sfide:</u> Affrontare le sfide con una mentalità positiva, vedendole come opportunità di crescita e apprendimento.

<u>Celebrare la Resilienza:</u> Riconoscere la resilienza dimostrata durante momenti difficili.

Mantenere un Equilibrio Salutare

<u>Evitare Eccessi:</u> Evitare il perfezionismo eccessivo e riconoscere che il progresso è un percorso, non una destinazione.

<u>Festeggiamenti Moderati:</u> Programmare celebrazioni moderate che siano congruenti con i risultati raggiunti.

In conclusione, celebrare i progressi è un passo essenziale nel percorso di guarigione dalla depressione. Questo atto di riconoscimento non solo alimenta la motivazione, ma crea anche un ambiente di autocomprensione e apprezzamento, sostenendo così il benessere mentale continuo e la resilienza.

10.2 Il Percorso Individuale di Recupero

Navigare le Fasi Uniche della Guarigione

Il percorso individuale di recupero è un viaggio personale e unico, spesso caratterizzato da sfide, successi e una crescita personale significativa. Questo capitolo esplorerà le fasi chiave di questo percorso, offrendo un quadro comprensivo delle esperienze che un individuo può incontrare mentre affronta la depressione.

Fase 1: Consapevolezza e Riconoscimento

Riconoscimento dei Segnali: La consapevolezza dei segnali precoci della depressione è il primo passo cruciale.

Ammissione della Necessità di Aiuto: Accettare la necessità di assistenza e ammettere la presenza di una sfida emotiva sono fondamentali in questa fase.

Esplorare le Opzioni di Supporto: Identificare le risorse di supporto, come amici, familiari o professionisti della salute mentale.

Fase 2: Accettazione e Comprensione

Accettare la Realtà: Accettare che la depressione è una sfida reale e non un segno di debolezza personale.

Comprensione delle Cause: Esplorare le cause sottostanti, comprese le dinamiche personali, i fattori ambientali e gli eventi di vita stressanti.

<u>Inizio della Terapia:</u> Avviare la terapia, come la terapia cognitivo-comportamentale o altri approcci ritenuti utili.

Fase 3: Sviluppo di Strategie di Coping

<u>Identificazione di Strategie di Coping:</u> Sviluppare un set di strategie personalizzate per affrontare lo stress e gestire le emozioni.

<u>Applicazione di Tecniche di Rilassamento:</u> Integrare tecniche di rilassamento, come la mindfulness e la meditazione, nella routine quotidiana.

<u>Esplorazione di Interessi e Attività:</u> Riscoprire o sviluppare nuovi interessi e attività che portino piacere e gratificazione.

Fase 4: Costruzione di Relazioni Significative

<u>Coinvolgimento della Rete di Supporto:</u> Coinvolgere amici e familiari nel percorso, condividendo apertamente le esperienze.

<u>Partecipazione a Gruppi di Supporto:</u> Esplorare l'adesione a gruppi di supporto per condividere esperienze e apprendere da altri che affrontano sfide simili.

<u>Comunicazione Aperta:</u> Migliorare la comunicazione con gli altri per favorire un sostegno efficace.

Fase 5: Sviluppo di un Senso di Scopo

<u>Esplorare Passioni e Interessi:</u> Identificare passioni e interessi che contribuiscano a un senso più profondo di scopo.

<u>Stabilire Obiettivi Connessi al Senso di Scopo:</u> Impostare obiettivi che riflettano i valori personali e contribuiscano a un senso di realizzazione.

<u>Partecipazione a Attività Volontarie:</u> Coinvolgersi in attività di volontariato o contribuire alla comunità per sperimentare un senso di significato.

Fase 6: Riflessione e Crescita Continua

<u>Riflessione Periodica:</u> Periodicamente riflettere sul percorso di guarigione, riconoscendo i progressi e valutando le sfide.

<u>Adattamento del Piano di Recupero:</u> Modificare e adattare il piano di recupero in base all'evoluzione delle esigenze e dei traguardi.

<u>Crescita Personale:</u> Riconoscere la crescita personale che emerge dal processo di guarigione.

Fase 7: Mantenimento del Benessere

<u>Integrazione di Abitudini Salutari:</u> Mantenere abitudini salutari, tra cui routine regolari, esercizio fisico e nutrizione equilibrata.

<u>Conservare la Rete di Supporto:</u> Continuare a coinvolgere la rete di supporto personale, mantenendo relazioni significative.

<u>Monitoraggio Periodico:</u> Periodicamente monitorare il proprio benessere emotivo, intervenendo prontamente in caso di segnali di ricaduta.

In conclusione, il percorso individuale di recupero è un viaggio unico e personale. Navigare attraverso le fasi del riconoscimento, della comprensione, dello sviluppo di strategie di coping, della costruzione di relazioni significative, dello sviluppo di un senso di scopo, della riflessione e della crescita continua, e infine del mantenimento del benessere è un processo dinamico che richiede impegno, pazienza e auto-compassione.

10.3 Sostenere gli Altri nella Lotta contro la Depressione

Un Ruolo di Importanza Cruciale

Sostenere gli altri nella lotta contro la depressione è un atto di empatia, compassione e solidarietà. Questo capitolo esplorerà come amici, familiari e colleghi possano offrire un supporto significativo, creare un ambiente di comprensione e promuovere il benessere mentale di coloro che affrontano la depressione.

Comprendere la Depressione: La Base per un Supporto Efficace

Educarsi sulla Depressione: Acquisire una comprensione approfondita della depressione, compresi i sintomi, i fattori scatenanti e le opzioni di trattamento, è fondamentale per fornire un supporto informato.

Sfatare i Miti Comuni: Combattere stereotipi e malintesi comuni sulla depressione contribuisce a creare un ambiente più aperto e comprensivo.

Ascolto Empatico e Senza Giudizio

Essere Presenti con Empatia: Offrire un ascolto attivo e senza giudizio crea uno spazio sicuro per esprimere le emozioni.

Convalidare le Emozioni: Riconoscere e convalidare le emozioni dell'altro contribuisce a ridurre il senso di isolamento.

Offrire Sostegno Tangibile

Partecipare ad Appuntamenti Medici: Accompagnare la persona alle sessioni di terapia o ai colloqui medici può offrire un supporto pratico e morale.

Assistenza nelle Attività quotidiane: Offrire aiuto con attività quotidiane, come cucinare o fare la spesa, alleggerisce il carico di chi sta affrontando la depressione.

Comunicazione Aperta e Rispettosa

<u>Chiedere Come Aiutare:</u> Aprire il dialogo per chiedere come si può essere d'aiuto dimostra un impegno genuino nel fornire il supporto necessario.

<u>Evitare Giudizi e Consigli Non Richiesti:</u> Evitare giudizi o consigli non richiesti, focalizzandosi invece sulla condivisione di empatia e sostegno.

Promuovere un Ambiente di Supporto

<u>Creare un Ambiente di Accettazione:</u> Fornire un ambiente in cui la persona si senta accettata e compresa contribuisce al suo benessere emotivo.

<u>Coinvolgere nella Pianificazione del Recupero:</u> Coinvolgere la persona nella pianificazione del proprio percorso di recupero favorisce un senso di controllo e partecipazione attiva.

Riconoscere i Segnali di Pericolo

<u>Essere Vigilanti:</u> Riconoscere i segnali di pericolo e di una possibile crisi, come cambiamenti marcati di umore o isolamento eccessivo.

<u>Coinvolgere Professionisti:</u> In casi di emergenza, coinvolgere professionisti della salute mentale o servizi di emergenza.

<u>Coinvolgere in Attività Sociali:</u> Invitare la persona a partecipare a attività sociali può contribuire a rompere il ciclo dell'isolamento.

<u>Promuovere la Connessione Virtuale:</u> In situazioni in cui l'incontro fisico è difficile, utilizzare le tecnologie per mantenere una connessione virtuale.

Mantenere un Equilibrio Tra Supporto e Autonomia

<u>Rispettare la Privacy:</u> Rispettare la privacy e l'autonomia della persona è essenziale per mantenere un equilibrio sano nel supporto.

<u>Promuovere la Crescita Individuale:</u> Sostenere la crescita personale e l'indipendenza contribuisce a rafforzare la resilienza.

In conclusione, sostenere gli altri nella lotta contro la depressione richiede un approccio sensibile, rispettoso e proattivo. Offrire sostegno tangibile, comunicare apertamente e promuovere un ambiente di accettazione sono chiavi per contribuire al benessere emotivo di chi vive questa sfida.

Conclusione

Riflessioni sull'Esperienza

Trarre Insegnamenti dal Percorso di Guarigione

Le riflessioni sull'esperienza sono un elemento cruciale nel percorso di guarigione dalla depressione. Questo capitolo esplorerà l'importanza della riflessione personale, offrendo spunti per trarre insegnamenti significativi dal percorso di guarigione e trasformare l'esperienza in un catalizzatore positivo per la crescita personale.

Riflettere sul percorso affrontato, comprese le sfide e i successi, può portare a una maggiore comprensione di sé stessi. La riflessione può fungere da catalizzatore per il cambiamento, spingendo verso nuove prospettive e approcci alla vita ed esplorare le emozioni vissute durante il percorso aiuta a comprendere le reazioni emotive e a sviluppare una maggiore consapevolezza.

Identificare e affrontare i pensieri distorti che possono contribuire alla depressione è un passo chiave nella crescita emotiva e riconoscere e celebrare i successi, anche i più piccoli, contribuisce a creare un atteggiamento positivo verso la propria crescita.

Le vittorie passate possono diventare una fonte di ispirazione per affrontare sfide future ed accettare che la depressione può portare a un processo di cambiamento personale può facilitare l'accettazione e la crescita.

Riconoscere la propria resilienza nel superare la depressione contribuisce a costruire una consapevolezza positiva. Riflettere sul sostegno ricevuto da amici, familiari o professionisti della salute mentale contribuisce a valorizzare le relazioni significative e mostrare gratitudine verso coloro che sono stati coinvolti nel percorso di guarigione rafforza i legami e il senso di connessione.

L'esperienza della depressione può aprire nuove prospettive sulla vita e sui propri obiettivi.

Dunque, definire obiettivi realistici basati sulle nuove aspirazioni contribuisce a una visione positiva del futuro.

Condividere apertamente l'esperienza può contribuire a normalizzare la depressione e a promuovere una maggiore consapevolezza. La condivisione di esperienze può ispirare e offrire speranza ad altri che stanno affrontando sfide simili e guardare al futuro con ottimismo e determinazione contribuisce a mantenere una prospettiva positiva.

La riflessione continua e l'impegno nella crescita personale sono chiavi per mantenere il benessere emotivo nel lungo termine. In sintesi, le riflessioni sull'esperienza sono un elemento chiave nella trasformazione personale derivante dal percorso di guarigione dalla depressione. Trarre insegnamenti significativi e applicare questi apprendimenti alla propria vita può contribuire a una crescita emotiva e a una visione più positiva del futuro.

Speranza e Prospettive Future

La speranza è un faro luminoso nel percorso della guarigione dalla depressione. Questo capitolo esplorerà l'importanza di coltivare la speranza e sviluppare prospettive future positive, offrendo spunti per mantenere una visione ottimistica e costruttiva mentre si avanza nel percorso della guarigione continua. La speranza è una forza motivante che può guidare attraverso i momenti difficili e alimentare il desiderio di un futuro migliore.

Coltivare la speranza richiede una visione positiva e un impegno continuo nel percorso di guarigione ed essere aperti ai cambiamenti e alle nuove prospettive contribuisce a mantenere una mentalità positiva.

Cercare di Vedere il cambiamento come un'opportunità di crescita e miglioramento può rafforzare la speranza e, riflettere sulla crescita personale ottenuta attraverso la lotta con la depressione offre una prospettiva positiva sulla propria forza interiore.

Vedere ogni sfida come un'opportunità di apprendimento e sviluppo personale può alimentare la speranza e stabilire obiettivi che riflettano i propri valori contribuisce a una direzione significativa per il futuro.

Riconoscere e celebrare i progressi verso gli obiettivi contribuisce a mantenere alta la motivazione e coltivare relazioni significative fornisce un supporto emotivo cruciale e nutre una prospettiva positiva.

Essere una persona positiva nelle relazioni contribuisce al benessere reciproco.

Vedere le sfide come opportunità di dimostrare resilienza contribuisce a mantenere uno spirito positivo ed affrontare le difficoltà con un approccio costruttivo e orientato alla soluzione.

Comunicare apertamente gli obiettivi e le aspirazioni alla rete di supporto crea un senso condiviso di direzione e coinvolgere la rete di supporto nelle celebrazioni dei successi contribuisce a rafforzare i legami.

Integrare pratiche di gratitudine nella vita quotidiana promuove una prospettiva positiva ed essere consapevoli del momento presente contribuisce a mantenere uno stato d'animo positivo.

In conclusione, coltivare la speranza e sviluppare prospettive future positive sono elementi chiave nella guarigione continua dalla depressione. Guardare al futuro con ottimismo, impegnarsi in un percorso di crescita personale e nutrire relazioni salutari contribuiscono a illuminare il cammino verso un benessere mentale duraturo.

Bibliografia e letture consigliate

Ecco un elenco di letture consigliate e risorse bibliografiche sulla depressione e la salute mentale:

Libri sull'Affrontare la Depressione:

"The Noonday Demon: An Atlas of Depression" di Andrew Solomon: Offre una prospettiva completa sulla depressione, combinando esperienze personali con approfondite ricerche.

"The Feeling Good Handbook" di David D. Burns: Un libro basato sulla terapia cognitivo-comportamentale che fornisce strumenti pratici per affrontare la depressione.

"Lost Connections: Uncovering the Real Causes of Depression – and the Unexpected Solutions" di Johann Hari: Esplora le cause sottostanti della depressione e propone soluzioni basate sulla connessione sociale e sul cambiamento ambientale.

"Reasons to Stay Alive" di Matt Haig: Una riflessione sincera e personale sull'esperienza della depressione e sui motivi per cui vale la pena lottare per la vita.

"The Mindful Way Through Depression: Freeing Yourself from Chronic Unhappiness" di Mark Williams,

John Teasdale, Zindel Segal, Jon Kabat-Zinn: Introduce la terapia mindfulness come approccio alla gestione della depressione.

Libri sulla Salute Mentale e il Benessere Emotivo:

"An Unquiet Mind: A Memoir of Moods and Madness" di Kay Redfield Jamison: Una memoria che esplora la bipolarità e offre una visione unica del legame tra creatività e malattia mentale.

"The Power of Now: A Guide to Spiritual Enlightenment" di Eckhart Tolle: Esplora il concetto di vivere nel momento presente come via per superare il dolore emotivo.

"The Happiness Trap: How to Stop Struggling and Start Living" di Russ Harris: Basato sulla terapia dell'accettazione e impegno (ACT), offre strumenti per gestire il disagio emotivo e perseguire una vita significativa.

"The Body Keeps the Score: Brain, Mind, and Body in the Healing of Trauma" di Bessel van der Kolk: Approfondisce la connessione tra trauma e salute mentale, offrendo prospettive innovative sulla guarigione.

"The Upward Spiral: Using Neuroscience to Reverse the Course of Depression, One Small Change at a Time" di Alex Korb: Un libro che esplora come piccoli cambiamenti nelle abitudini quotidiane possano influenzare positivamente la salute mentale.

Articoli Scientifici e Pubblicazioni Accademiche: 11. "Major Depressive Disorder" - American Psychiatric Association (DSM-5): Una risorsa fondamentale per comprendere i criteri diagnostici per la depressione maggiore.

"The Lancet Psychiatry" - Rivista scientifica specializzata in psichiatria: Pubblica ricerche e revisioni sull'ambito della psichiatria e della salute mentale.

Questi libri e risorse forniscono una panoramica diversificata sulla depressione e sul benessere mentale. Tuttavia, è importante notare che la lettura di tali risorse non sostituisce la consulenza professionale. Prima di apportare modifiche significative al proprio approccio alla salute mentale, è consigliabile consultare un professionista della salute mentale.

"Mi auguro che tu prosegua nel tuo percorso di apprendimento e sviluppo. Consulta gli altri miei titoli a disposizione per trovare ulteriori fonti di ispirazione e saggezza."

Disponibile su
WWW.AMAZON.IT

Spiritual
Counseling
COME AIUTARE LE PERSONE A
SUPERARE LE CRISI
ORAZIO MOTTA
Volume 1

Guida alla guarigione dell'anima

IL COUNSELING CRISTIANO PER UN'ANIMA AFFLITTA

ORAZIO MOTTA